擁抱叛逆期

輔導室裡孩子的真心話

作者｜羅可

學校裡，那個溫暖角落的美麗風景

你知道，學校裡有個單位，叫做輔導處（室）嗎？

你知道，輔導處（室）裡有個老師，叫做輔導教師嗎？

你相信你知道！你甚至知道，輔導教師的功能與任務是什麼。然而，你若是學生，你會主動前往求助嗎？你若是家長，你願意讓孩子接受心理輔導嗎？你若是學校老師，你懂得運用輔導資源，並與輔導教師並肩合作嗎？

這就不一定了！即使台灣的輔導工作體制在全球數一數二，但大眾對輔導工作或輔導教師仍有許多誤解或迷思，這導致了，許多孩子沒能第一時間獲得幫助，而輔導單位則長期被外加了許多非本業的任務。

羅可老師身為國中的輔導教師，寫了這樣一本書，讓社會大眾窺見，輔導教師是如何幫助孩子的！書中提到了各種學生常見的困擾樣貌，有些是孩子自己的痛苦，有些則是，周遭的大人感到困擾。不論孩子是如何走進輔導處（室）的，羅可老師總是願意去理解孩子究竟遇到什麼困難了，這與我的理念不謀而合。我始終相信：「孩子的問題行為，顯示孩子遇到困難了；持續的問題行為，代表孩子持續處在困難中。」如果，師長沒辦法看到孩子的困難，而一味要求孩子改善行為表現，只會造成兩敗俱傷。

問題是，光是要能「理解孩子的困難」，就很不容易了！試問，你要如何讓一位抗拒很深、對大人敵意很強的青少年，說出他的痛苦與無力？羅可老師不斷在書中示範，如何透過同理與關懷，讓孩子感到放鬆，讓孩子願意信任，透過好奇探問與聚焦期待，找到孩子的內在需求，而能一步一步地進入孩子的內在世界。

許多人常誤會，輔導與諮商不過就是聊聊天，輕鬆容易。然而，輔導工作是門專業，需要用上許多專業技巧；實際在幫助孩子時，也是困難重重的。那些阻礙，多是來自於家庭或學校系統本身，也常會讓輔導教師深感無力。

因此，羅可老師也不斷在書中提到，系統合作的重要性。如何與導師聯手，如何與家長溝通，改變系統中的關鍵人物，打造支持孩子改變的環境——有時候，真正需要改變的，是大人呀！

這本書，除了是學校輔導工作者的專業指引，我更期待有更多的老師或家長，都能讀讀這本書。你會知道，校園裡有個溫暖的角落，裡頭有些不為人知美麗風景，是如何由專業、熱忱與愛，交織而成的。

諮商心理師／暢銷作家

陳志恒

為親師搭建的重要橋梁

這幾年我帶領過數百場家長講座或親職團體。當一群家長聚在一起的時候，最感興趣的話題就是「幫某些老師打分數」。

「A班老師很混、上課只會照著課本念經。B班老師認真多了，既嚴格又常幫孩子考試，希望孩子明年可以被B老師教到。」

「輔導有什麼用？那些年輕的老師太單純了，孩子在他們面前裝乖巧，回家才露出真面目。」

「當老師有夠輕鬆，每天上班就等下班、才開學就等暑假，放假還有錢可以領。」

事實上，我從家長對老師的評價中感受到，他們對於「教師」這個角色抱持著極大的期待。他們好希望孩子在這個老師的帶領下可以學會自動自發、乖乖聽話、知書達禮、擁有良好的人際互動技巧……。

「如果這些事情老師全都包了，那你們要做什麼？」我經常用這句話敲碎父母親超乎現實的期待。即使是把孩子帶來諮商，都需要家長在諮商室之外，協助配合調整態度與管教方式，如此才能讓孩子獲得最大的幫助。

很多時候，親師之間的衝突不是真的想攻擊對方，而是因為不清楚彼此的付出、無奈，以及挫折。教師希望可以滿足家長對他們的期待，家長也擔心被教師認為疏於管教、不懂得管教孩子。彼此都是對孩子的愛，卻在碰撞的時候產生了傷害。

所以，這本書來得正是時候！

我認為這一本書的價值不只是分享輔導學生的歷程，而是從「專任輔導教師」這個角色出發，幫助家長、其他教師，甚至是對輔導充滿好奇的人，了解學校輔導工作到底如何進行？輔導老師與學生都在談些什麼？

你在閱讀這本書的過程中，會有二個極大的收穫：一是在你的教養之外，了解另一個專業的輔導教師如何評估孩子的行為問題。你可以觀察自己的評估與老師的評估有哪些差異？或者有哪些共識？從而提升你對孩子的理解。

另一個收穫是，這本書能幫助你輕鬆地獲得許多對話技巧，幫助你與孩子開啟話題、深入聽見孩子內心的感受與想法，促進你與孩子之間正向的互動與連結。

翻開這本書，讓你知道學校如何輔導你的孩子，以及，也幫助你更了解如何與孩子相處。

諮商心理師

陪伴，是孩子最好的成長養分

從沒想過自己會有出書的這一天。

去年七月份在粉專上收到出書邀約，興奮、驚訝又緊張，但也擔心自己完全沒有寫作經驗，是否能寫出好作品？出版社告訴我，很喜歡我在任教中的思考視角以及動心的故事，他們在我的文章中看見了我的「用心」，這給了我很大的信心，也讓我決定接下這份挑戰。

曾經我在課堂上做過一個調查，我問孩子們：「當你們生活中出現困難時，你們會優先找誰討論？」大多數的孩子都會找朋友、同學以及網友們，但就是不會找家長。「為什麼你們不找家長討論呢？」「因為找他們只會被罵而已啊，他們不會聽，還會唸小孩子煩惱這些有的沒的幹嘛。」

然而，同時我也收到很多家長們的抱怨：「為什麼我的孩子都不跟我說心事？我都無法跟孩子溝通。」

我希望這本書可以讓更多人了解青少年在想什麼？在乎什麼？重視什麼？在他們的生活中可能會出現哪些議題？而身為主要照顧者的我們，可以如何陪伴孩子走過這一段青春歲月。

信任關係一直是我得以進入孩子內心世界的重要關鍵。大家都知道「傾聽」與「陪伴」，除了技巧之外，我在這本書中也整理了許多實務經驗，希望以故事與對話的方式呈現不同的策略與作法。

如果您問我，輔導是怎麼一回事？我會跟您說，輔導就是個「陪伴」。陪伴孩子面對生活中的困難、解決問題、尋找生活目標，分享開心與不開心的事。曾經我的大學教授說過一句話：「我們學輔導的，都很習慣等到對方有困難時才去陪伴，但其實那些生活中的快樂，也需要有人一起分享。」

我們都是孩子們生命中的重要他人。「陪伴」能支撐起輔導技巧、晤談技術以及心理學相關知識，「陪伴」中有傾聽、有同理、有理解，有接納，長時間的陪伴能帶來力量與改變，因為陪伴本身就充滿愛與療癒。

我是一位專任輔導教師，

我很熱愛這份工作，

也很榮幸成為一位助人工作者。

目錄

Chapter 01

學習路上的顛簸

找出最適合的學習方式，
成為誰也帶不走的能力

學習從來就不是件輕鬆的事，
但擁有學習的技巧，是孩子一生必備的能力。
父母是不該放任，但每位孩子氣質與特色不同，
適合的學習方式也各異，
試著放下身為家長的焦慮，
和老師緊密合作，藉著良好的親師關係，
找出最適合孩子的學習途徑，
那將成為孩子一生最棒的禮物！

寫作業這個難題

別只看學習成果，
也要看見孩子的困境

作業，是大部分學生最討厭的，
但是看在家長眼裡，卻是學生的本分，
加上傳統觀念的影響，
不做作業對許多家長來說是無法接受的。
不過，更重要的是，必須靜下心來理解孩子為什麼不願意寫作業！

「昌和作業不寫，還一直請假，輔導一下好嗎？」

導師不悅地跑來輔導室，細數著昌和從開學至今缺交的作業，已經有好幾科的老師反應，導師也跟他說過很多次，但依舊沒有改進，孩子甚至每天頭痛、想吐，開始請病假，去了保健室也檢查不出什麼異狀，彷彿就是為了逃避上課而請假。

讓導師宣洩完這些不滿的情緒後，我邀請孩子來諮商室聊聊。「昌和你好，我是輔導室的老師，我發現你最近常常放學後在走廊上罰寫，還好嗎？是不是有什麼困難？」我先表達了關心，消除孩子因被叫到諮商室而生的緊張感。

遲交與罰寫的惡性循環

「寫作業這件事情，你覺得最困難的地方是什麼？」為了避免讓孩子有被責備或被質疑的感覺，我利用疑問句，先釐清不寫作業的原因，是因為「不會寫」還是因為「不想寫」？同時我也利用了5W1H的方式來了解昌和寫作業的習慣。

When——寫作業的時間？

Where——在哪裡寫作業？

Why——為什麼要寫作業？

How——作業完成的方式？

Who——作業是自己，還是跟同學一起完成的？

What——平常的作業內容有哪些？是否還有補習班等其他作業？

「我不會寫，也不喜歡讀書」、「上課聽不懂，又要一直罰寫」、「國小跟國中差好多，每天都要上第八節」，昌和抱怨了國中生活，表明自己就是不喜歡讀書、上課，老師和爸媽也拿他沒輒。為了讓孩子認知到這會是個惡性循環，我帶著他看看自己目前的就學狀況，由於遲交作業，每天都要被導師留下來罰寫，遲交作業是因為不會寫，也聽不懂老師在說什麼，上課無聊、想講話，課業跟不上進度之後就更不喜歡讀書，成績變更差，罰寫變多，心情變得更不好、更不想讀書，最後直接請假逃避，使惡性循環更加嚴重。

專輔老師這樣做……

昌和很明顯地在升上國中後適應不良，原因包含上課時間變長、多了第八節課、學校課業難度提高，以及罰寫變多等，但是在給予解決方法之前，我想先跟他一起討論心中的「想要」與「不想要」。

釐清想要與不想要

「我不想要一直罰寫、被罵」、「我想要放學後出去玩、跟同學去合作社」……對於低成就又低動機的孩子，改善課業、作業、成績，對他們來說根本不重要，所以為了能讓孩子有想改變、想改善的動機，我們必須先找出孩子的需求與渴望。

每天放學留下來罰寫以及下課補寫作業，這讓昌和感到壓力很大，來學校變成是一種懲罰，加上個性內向，又缺少下課時間與同學互動的機會，漸漸與同學的關係變得疏離，他希望有一天可以不再被罰寫，而是好好地跟大家一起玩樂。

昌和的「想要」還包含想趕快變成大人，像大人一樣自由自在，不用上課也不用上第八節，對於作業缺交太多次而被記的小過，只希望不要再被禁足，這是昌和的「不想要」。昌和的不想要還包括輔導，他覺得來輔導很無聊，必須一直坐著，於是我開始和他討論來輔導的目的，討論怎麼做才能盡快結束輔導，也利用輔導的本身來作為昌和的「想要」與「不想要」。

給孩子適性化的學習策略

「那我們要怎麼做才能不再被罰寫呢？」我將問題拋回給孩子。

當孩子有了想要改變或改善現狀的動機後，我們就可以針對不同的學習困擾，給予不同的學習策略，以學習歷程出發，檢視孩子學習上的瓶頸與困境，找出適合的個別化學習策略。

建立合適的讀書環境：昌和在音樂背景下，特別能專注的寫作業，這是他能專注的環境。有些人讀書要在安靜的空間，有些人則喜歡到咖啡廳、人來人往的地方，每個人適合的讀書環境都不一樣，如何營造一個自己最能專注的狀態才是最重要的。

時間管理與規劃：昌和放學後會花兩個小時看電視，一個小時看新聞，一個小時玩電玩，在最後一個小時才被催著寫作業，我帶著他檢視每個時段的內容，有將近四小時都是娛樂時間，於是我們決定先將某部分時間挪給作業，以半小時為單位，再慢慢增加，另外我也請昌和依重要性及緊急性，規劃出優先研讀的功課，「寫作業」必須放在第一順位，在老師發下作業後就可以直接詢問同學，避免在最後一刻前才開始完成。

養成良好的讀書習慣：每天安排固定的時間，坐在固定的位置上，學習內容可先以簡單、容易做得到的目標開始，再慢慢進階到複習、預習與閱讀，這樣的習慣務必每天確實執行。

以彈性的方式循序漸進：如果一次就要孩子完成全部的作業，只是會引起孩子更大的厭惡感與挫敗感，所以我跟孩子協議今天的回家作業先完成一項，從昌和的原始起點開始，在順利完成一項後，再追加新的項目，提升他完成作業的勝任感。

擔任督促的陪伴者：當孩子無法自我監督時，就需要一位明確的「督促者」，這是一個陪伴的角色，而非「監督者」，應避免全程緊迫盯人，給孩子一個獨立的空間，讓孩子知道當他有需要的時候，我們隨時都在，協助孩子找出正確的解答。

善用同儕的力量：同儕教學是一個很有效果的學習策略，孩子們可以透過同儕的說明與示範，學到更多知識，但很多孩子在詢問同學的過程中，都會擔心對方會覺得煩，想拒絕？建議在詢問的時候，可以先觀察同學的表情，評估一下對方是否有不耐煩的感覺，或是直接詢問是否會打擾，並與對方約一個彼此都可以的時間討論。

導師家長間的系統合作：學習輔導在系統上的合作也是相當重要的，和昌和找出學習的困擾後，我也找了導師與家長一起討論，讓學校及家長能同時協助，導師可針對昌和的能力，調整教學及評量方式，家長也可透過一些小獎勵來增強學習動機，如：連續三天上第八節，就到喜歡的餐廳吃美食等。

肯定孩子的進步：在一次又一次的會談中去肯定孩子的進步與改變，建立孩子在學習上的正向經驗及信心，當昌和穩定到校，也有上第八節之後，我問了他會不會覺得困難？沒想到孩子的回應竟然是：「其實還好」，孩子為自己證實了其實沒有這麼難。

再次強調並證明好處：在進行了三次的會談後，昌和已經能愉悅地交出作業，也不用再被罰寫了，下課時間可以跟同學玩、去合作社，孩子說：「老師，原來完成作業之後的好處這麼多啊」。

學習輔導一直是學校中常見的輔導議題之一，我一直相信著每個人都會有想要更好的本能，所以在學習的道路上，沒有孩子會故意讓自己的課業落後，很多孩子會選擇放棄學習，是因為有太多的習得無助感，學習低落的背後一定有其原因，學習輔導的重點也不單只是針對學校課業而已，如果我們能教孩子更多學習方法，找出自己的學習策略，體驗到學習的樂趣，也能使孩子在追求自我認同的階段中，獲得較高的自我價值感。

給家長的陪伴叮嚀

利用 5W1H 了解孩子寫作業的習慣：「When」—寫作業的時間？「Where」—在哪裡寫作業？「Why」—為什麼要寫作業？「How」—作業完成的方式？「Who」—作業是自己完成還是跟同學一起完成的？「What」—平常的作業內容有哪些？是否還有補習班等其他作業？清楚孩子寫作業的習慣、釐清孩子不喜歡寫作業的原因，才能對症下藥，讓孩子不再抗拒作業。

找出孩子的「想要」與「不想要」：面對低成就與低動機的孩子，為了使孩子有想改變、改善的動機，必須先找出孩子內心的需求與渴望，當孩子有了想要改變或改善現狀的動機後，再針對不同學習困擾的孩子，給予不同的學習輔導介入。

適性化的學習策略：個別化的學習策略包含建立合適的讀書環境、時間管理與規劃、養成良好的讀書習慣、以彈性的方式循序漸進、擔任督促的陪伴者、善用同儕的力量、親師系統合作、肯定孩子的進步、再次強調並證明好處。

孩子選擇作弊的背後

務必讓孩子明白，分數不會影響父母的愛

即便知道作弊是不對的事情，
但孩子還是有可能選擇這樣的方式來獲取成績。
比起處罰或是責備，
更重要的是去理解行為背後的原因，
才能讓孩子在學習之路上，
不被成績的高低左右價值觀。

「艾薇，妳還好嗎？」

孩子驚訝地抬起頭看看我，原本以為被叫進輔導室也是被訓斥、警告，沒想到我的第一句話竟然是：「我想一定有很重要的原因吧？有妳很在乎的東西？所以妳才會選擇作弊？」她看著我溫柔地說出這些話，神情也慢慢從憤怒、震驚、自責轉變為專注。

「學校的銷過方法必須有幾個月的課堂觀察，所以妳必須先……然後……」我知道孩子才剛被學務處叫去寫自述書記過，所以先向艾薇說明了銷過的辦法和步驟，她也很認真地聽完我的說明，整個人的狀態也沒有像一開始那樣的緊繃、防衛。

「那妳願意跟我說說看，是什麼原因讓妳作弊嗎？」我釋出善意，邀請孩子說出作弊的原因。

「嗯，我知道作弊是最笨的方法，但我不想讓他們失望，我也不想去補習班。」

這是艾薇第一次作弊，孩子知道這是不對的行為，也感到非常後悔，爸媽在段考前就不斷地施予壓力，希望她可以拿到一個好分數，她自己也希望能考到好分數讓爸媽感到驕傲，所以選擇了作弊。

專輔老師這樣做……

「我爸媽知道後很生氣，他們完全不想聽我說話。」

艾薇的爸媽跟許多家長一樣，第一時間也是感到非常憤怒、焦慮，但如果家長在第一時間一味地指責或拳腳相向，反而只會把孩子愈推愈遠，如果使用羞辱的方式來讓孩子記取教訓，也只會強化情緒上的反抗，使孩子變本加厲，所以聆聽孩子說明作弊可能存在的理由很重要，這並不表示我們接受孩子用作弊的方式來獲得不該有的分數，但如果都不去聽聽孩子為什麼作弊，那就會更沒有機會去跟孩子談這件事了。

讓孩子說說作弊的動機

處理作弊行為，首先要面對的是孩子說謊的原因，我們可以先找到一個能夠讓孩子卸下心防的環境，在介入處理時也必須考量到孩子的自尊心與感受，試著了解作弊行為背後所要傳達的訊息，在保持情緒冷靜的狀態下，向孩子分析作弊可能會帶來的後果與損失。

國中階段的孩子其實都很清楚作弊是不對的行為，但為什麼還是選擇作弊呢？這是否代表作弊所獲得的東西已遠遠超過所要付出的代價及損失？那些東西又是什麼？

賞罰不適當都會影響孩子的判斷

艾薇之所以會選擇作弊是因為不想考不及格、不想讓爸媽失望，以及不想補習。

許多家長在鼓勵孩子時，會使用「你怎麼會考出這種爛分數？錯一分打一下」等處罰制度，因此當孩子考不好時，比起自己的感受，更會先想到父母的感受，害怕爸媽生氣、害怕被處罰、害怕被剝奪原本喜歡的事物，於是許多孩子選擇作弊的原因都是因為恐懼的心理。

孩子恐懼的來源可能來自於家長、自己或其他人，父母除了使用處罰制度外，也經常會使用獎勵機制，例如：為了鼓勵孩子，提前在考試前宣布好成績的獎勵品，「如果你考幾分，我就送你一台平板電腦」，這樣的獎勵行為看似是在增加孩子的動機，但其實也會導致孩子「只重結果不重過程」，獎勵制度不是不可行，只是獎勵的比例必須把孩子的程度與目標一起考量進去，如果獎勵品太過昂貴，超過作弊所要付出的代價，那麼孩子就可能會選擇作弊，獎勵品反而成了孩子作弊行為的誘因。

用成績來證明父母的愛

父母過度強調名次也會讓孩子出現不正確的虛榮心，儘管望子成龍、望女成鳳是每位家長對孩子的期待，但如果太過在乎排名，可能也會使孩子認為爸媽在乎成績勝於自己，只要成績不夠理想，自己就不值得被愛，當孩子能力不足又希望討父母歡心時，就容易出現作弊行為。

要讓孩子知道「努力的過程重於成果」，家長在乎的是為了考試所付出的努力和用心，直接點出孩子所做的努力並給予肯定，例如：「我看到你為了這次考試用心的準備，這個名次是你值得擁有的」，這會比「考第一名好厲害」來得踏實，平時也可以多誇獎孩子其他透過努力所得來的成果，例如：「這個作業你花好多時間搜尋資料，恭喜你順利解決了。」讓孩子知道盡力學習，過程和結果是一樣的可貴，就算努力達不到預期的成果，在過程中也一定會有收穫的，不要將成績視為人生的一切，也不要以成績來定義自己。

陪伴孩子練習抵抗作弊的心理誘惑

究竟家長該如何教導孩子抵抗作弊的心理誘惑？依據不同的因素，協助孩子的方式也不盡相同，我們可以透過情境的帶入來跟孩子討論作弊一事，利用平日的電視新聞或電影情節，跟孩子聊聊哪些行為會構成作弊？例如：「電競選手開外掛，如果你是觀眾，看到職業選手作弊，會有什麼感受？」、

「如果你是其中一位比賽選手，會不會覺得不爽、不公平？」帶孩子進入不同角色，換位思考，說出作弊行為的不當，促使孩子在相似的情境下回想作弊所產生的負面情感，防止作弊行為再次出現。

「電競選手作弊被抓後，會被官方取消比賽資格，同時也會遭裁罰禁賽好幾年」，明確指出作弊所需付出的代價，像是被禁賽、成績不納入考量、被原本支持的人唾棄等等，說明作弊的危害性，讓孩子知道作弊是一種自欺欺人的行為，透過作弊來掩蓋自己的不足也會使自己陷入作弊的循環當中，我們會永遠不曉得自己的問題在哪裡，導致作弊行為重複出現。

或是利用平常的遊戲活動來強化「努力大於成果」的價值觀。觀察孩子在競賽遊戲中，如：球類、桌遊、電玩能否誠實按照規則進行？能否克制自己的衝動、遵守遊戲規則？能否誠實的面對輸贏？協助孩子將注意力放到遊戲過程的樂趣中，以降低孩子對輸贏的過度在意。在教導孩子誠實的同時，父母也需要作一個好榜樣，從日常生活中做起，不好大喜功、不投機取巧、不把功勞攬在自己身上，不利用說謊來獲取微薄的利益。

找出適合孩子的學習風格

最後，我帶著艾薇一起分析考不好的原因，找出適合她的讀書方法。我們一起討論了英文的讀書技巧，改掉狂抄、死背的讀書方式，協助孩子找出自己的學習風格，她在視覺型的學習風格下較具優勢，於是我們將文字描述轉為圖表，利用圖表協助背誦英文、理解英文文法。在讀書的時間規劃上，也重新調整了讀書時間，由於之前上課以外的空白時間全部都被補習班填滿，這讓孩子很有壓力，時間不足以完成學校作業、準備學校每天的小考，使其漸漸對學習感到厭惡、缺乏學習動機，於是我跟艾薇依照科目的難易度排列優先順序，有多餘的時間才進入補習班，在完成較容易達成的小任務後，才加深下一次的任務難度。

分數壓力是造成艾薇作弊最主要的因素。當孩子考差時，父母千萬不要諷刺或挖苦孩子，相對地更需要強調誠實的重要性，同時也要檢視自己是否太過度在意孩子的成績？是否時常否定孩子曾經的努力？身為父母，我們要讓孩子們知道：「分數不會影響我們對孩子的愛，人格的養成比成績更為重要。」

給家長的陪伴叮嚀

聆聽孩子說明作弊的理由：「我想一定有很重要的原因吧？」如果家長只是一味地指責或拳腳相向，只會把孩子愈推愈遠，使用羞辱的方式來讓孩子記取教訓，也只會強化孩子在情緒上的反抗，聆聽孩子說明作弊可能存在的理由，能讓我們有機會了解孩子作弊行為背後所要傳達的訊息。

獎勵比例須考量孩子的程度與目標：父母使用處罰制度外，也經常會使用獎勵機制，獎勵的比例必須把孩子的程度與目標考量進去，如果獎勵品太過昂貴，超過孩子作弊所要付出的代價，孩子可能就會選擇作弊，獎勵品反而就成了作弊行為的誘因。

強調努力的過程重於成果：要讓孩子知道「努力的過程重於成果」，家長在乎的是孩子為了考試付出的努力和用心，直接點出孩子的努力並給予肯定，例如：「我看到你為了這次考試用心的準備，這個名次是你值得擁有的」，這會比「考第一名好厲害」來得踏實。

別輕忽孩子的焦慮

一起學習面對與化解的方法

即使是只需要專心唸書的學生，
面對課業壓力也會有無法應對的時候。
當爸爸媽媽發現了孩子的焦慮，
別只當負面情緒而消極處理，
陪著孩子靜下心來，
整理思緒，一起學習化解的方法，
更能讓孩子終生受用。

「老師，妳有空嗎？」

「我有好多事想跟妳聊聊。」

「感覺有好多事情都做不完，該怎麼辦？」

到了國三的升學時期，許多孩子面對每天大量的考試與課業，都感到非常焦慮，哲宏主動來輔導室找我約談，希望能減輕一點自己升學與考試的焦慮。

「老師，我現在每天都好煩惱、好煩惱。」

「好，先不要急，我們一件事一件事慢慢說。」

「我有好多事情要說，根本不知道從哪裡開始說起。」哲宏急促地說著。

「嗯，我可以感覺到有很多事情困擾著你，而且這些事情都同時發生，讓你很煩躁。」

「對。」

「但哲宏你不用擔心，我們有足夠的時間，讓你把全部的事情說完。」我沉穩地回應著。

哲宏一進諮商室就整個人非常緊繃，講話急促又顫抖，劈哩叭啦、停不下來，以高速說著自己的煩惱。「哲宏，你有沒有發現你說話的速度又急又快？」面對高焦慮的他，我刻意以一個緩慢但沉穩的語氣來回應，試著讓他跟隨著我的呼吸穩定下來，紓緩緊繃的情緒。

陪孩子找出焦慮的核心

「先從今天最讓你煩心的事開始說起吧。」我讓孩子先聚焦於當下，從最立即且最有感覺的壓力事件開始說起。

「老師，我有好多、好多煩惱的事，但目前最煩的事就是下禮拜的段考了。」

「嗯，目前最煩惱的是下禮拜的段考，那這次段考讓你感到最焦慮的部分是什麼呢？」

「我害怕自己無法考進班排前五名。」

「如果無法考進班排前五名，這件事會帶給你什麼影響？」

「第一個影響就是會被我爸爸、媽媽罵吧。」

「嗯，還有呢？」

「還有對自己感到失望吧。」

「嗯，你很在乎爸媽的反應，對自己也有目標與期待，假如這件事情真的發生了，你覺得你能面對它嗎？」

「如果真的發生了……應該還是可以吧。」哲宏想了一下。

「你會怎麼面對它？」

「我一開始一定會很難過，但我會去找這次考不好的原因，提醒自己避免再犯，然後努力準備下一次的段考。」

當哲宏說出面對的方式後，意外地整個人鬆了一口氣，焦慮感也降低許多，比一開始較能思考更多問題，於是我繼續帶著他重新評估這次焦慮的核心。

「這次的段考，真正讓你感到焦慮、沒有信心的是哪一部分？」

「數學吧，想整個放棄了。」

「數學的範圍有哪些？」

「第五單元到第八單元。」

「那最讓你感到困難的單元是？」

「最困難的應該是……第七跟第八吧。」

「目前距離段考還有幾天時間可以準備呢？」

「三天多。」

「你覺得你可以如何安排這些時間？」

透過這樣一來一往的對話，哲宏才發現原來自己還有將近四天的時間可以準備考試，除了數學以外，其他科目都蠻有信心的，只需要在時間的分配上給數學多一點的比例，面對較沒把握的單元多作練習，不會的題目詢問老師和同學。在煩惱有了明確的解決方法後，哲宏的臉上也終於出現了笑容。

專輔老師這樣做……

許多人在面對挑戰或困難時，總是會先「覺得」好難，「覺得」好多，這些症狀都是在不清不楚的狀態下產生的，但只要我們把心靜下來後，就能清楚思考解決方法與策略，利用問句來評估自己真正焦慮的是什麼？「我在焦慮、害怕什麼？」、「如果真的發生了，最壞的結果會是什麼？」、「這個結果我能承受嗎？」、「過去自己或其他人是否有相同經驗？是怎麼度過的？」、「真正的問題在哪裡？」、「在這個當下我能做些什麼？感覺會好一點嗎？」

其實大部分的擔憂沒有真的發生

「原來事情沒有這麼多啊！」過去哲宏總是焦慮很多事衍伸出來的其他問題，導致睡眠品質變差，感到胸悶、頭暈，甚至是心悸。

「老師，我跟妳聊完之後，感覺比較能掌握了耶。」在會談的過程中，我請哲宏幫我實驗一個神奇的魔法。當自己又陷入焦慮時，請先在腦海中想像一個大大的「X」，然後拿出一張紙跟一隻筆，寫下此時此刻腦中所想的一切，這時候我們會發現，其實真正能寫下來的不多，大概只會剩下四成左右，這是因為人們總是習慣「想」很多，容易受情緒影響而將這些煩惱渲染、擴大，使我們在主觀上「感覺」事情很多，因而感到焦慮。

適度的壓力是動力

焦慮（Anxiety）是一個人在情緒上或心理上產生內在衝突，進而引發非理性的憂慮或恐懼感受，例如：遇到重大考試或重大的抉擇，我們會感到不舒服；會議上遇到棘手的問題，我們會感到緊張、不安。

每一個情緒一定都會有其正面的意義，當然「焦慮」也是。對哲宏來說，適當的緊張與焦慮代表著將考試視為一項重要的事，適度的壓力可以讓我們啟動身體的各部位進入準備狀態，解決眼前的困難與挑戰，將注意力集中、讓思考更敏捷、反應更快速，在一般難度的任務下，適當的壓力反而可以成為動力，有助於我們發揮最好的狀態來完成任務。

但如果承受的壓力過多，就會不小心爆炸，反過來導致注意力無法集中、判斷力下降、情緒不穩，長期下來更可能出現肌肉痠痛、頭痛、胃痛、全身疲倦、失眠或呼吸不順暢等症狀，進而引發焦慮症、恐慌症或憂鬱症等，高度的焦慮與壓力也會破壞我們的生活，妨礙我們處理生活中的大小危機。

進行壓力放鬆訓練

在進行壓力放鬆訓練之前，我讓孩子先學習覺察自己的情緒，找出自己的「情緒抽屜」，協助他傾聽內心的聲音，辨識內在的非理性信念，利用「覺察」和「轉念」來轉換負向認知，促進孩子做出新的行動。

透過每次的會談，哲宏繪製出自己的「壓力鍋」，記錄每天的壓力事件與指數，了解壓力帶來的正面、負面影響，同時進行時間管理，讓自己更有效率地調配時間。

壓力放鬆部分，我帶著哲宏練習「肌肉鬆弛法」，透過一系列的動作設計，漸進式地將身體每個部分的肌肉繃緊再放鬆，消除肌肉的緊張狀態，平衡自律神經系統，當他比較能放鬆自己後，再建立對考試的焦慮層次表，透過「系統減敏法」慢慢地降低對考試的焦慮感。

「學校中讓你心情最平靜的三個地方是哪裡？」、「想像自己在一個能感到放鬆的地方。」透過冥想法隨時隨地降低自己的焦慮情緒，利用宣洩法將心中的煩惱與壓力寫下來，把這些紙張撕成碎片後，吶喊發洩出來，最後藉由「紓壓五官」建立自己的情緒照顧清單。

聽覺：聽聽自己喜歡、感到舒服的音樂。

視覺：到戶外散步、看看自然風景、好笑的影片，在書桌上放滿療癒的物件。

嗅覺：選擇一款喜歡的精油，透過芳香幫助身體進入放鬆狀態。

味覺：攝取營養，為自己帶來好心情。

觸覺：捏捏紓壓球、進行園藝的創作以達到療癒效果。

「如果最壞的結果我們都能承受住了，那還有什麼好焦慮的呢？」我們總是習慣擔心太多，但大部分都沒有真的發生，所以感到焦慮時請先冷靜，找出自己真正的焦慮核心，針對具體的焦慮事件擬定解決策略，依據解決策略展開行動，讓每天的焦慮與壓力歸零、不過夜。

給家長的陪伴叮嚀

找出焦慮的真正核心：許多人在面對挑戰時，總是會先「覺得」好難、好多，這些症狀都是在不清不楚的狀態下產生的，我們可以問問自己：「我在焦慮、害怕什麼？」、「過去自己或其他人是否有相同經驗？是怎麼度過的？」、「如果真的發生了，我能承受最壞的結果嗎？」

寫下此時此刻腦中所想的一切：焦慮時，請先在腦海中想像一個大大的「X」，然後拿出一張紙跟一隻筆，寫下此時此刻腦中所想的一切，這時候我們會發現其實真正能寫下來的很少，大概只會剩下四成左右，這是因為我們在主觀上總是容易「感覺」事情很多。

藉由「舒壓五官」建立情緒照顧清單：平時可建立起自己的情緒照顧活動，在需要的時候隨時應用，清單可參考紓壓五官。「聽覺」：聽聽自己喜歡、能感到舒服的音樂；「視覺」：到戶外散散步、看看自然風景、好笑的影片；「嗅覺」：透過不同的芳香幫助身體進入放鬆；「味覺」：為自己攝取營養；「觸覺」：捏捏紓壓球，進行園藝的創作等。

可以不要吃過動藥嗎？

過動的孩子，需要的不只是藥物

讓過動的孩子適應團體生活，
需要學校、家庭與醫療三方並行，
與學校緊密聯繫，有良好的親師關係，
加上班級經營，孩子也能在學校生活中獲得成就感，
擁有美好的人際關係。

「我已經告誡他很多次了。」

「跟他談根本沒用。」

「為什麼不去吃藥呢？」

導師拿著威丞開學以來滿滿的記過單，包含跟同學起衝突、打架，任意碰觸他人、在走廊上奔跑、吵鬧以及上課發出不雅聲音等行為，每次找威丞溝通時，孩子都只會否認、抱怨或頂嘴，請學務處依校規懲處也沒用，儘管嘴巴上說可以控制這些行為，但根本無法。

威丞在國小的時候就被確診為注意力不足過動症（Attention-Deficit Hyperactivity Disorder；簡稱ADHD），一開始有吃藥，國中後沒有再吃，因為藥物的副作用讓他感到不舒服，加上同學的取笑，讓他更加排斥服藥，針對藥物的作用，孩子自己也不清楚，只知道吃藥會比較安靜。

ADHD是一種神經發展疾患，可分為「注意力不足型」、「過動型／衝動型」以及「混合型」。ADHD的臨床診斷必須符合許多標準，需要透過會談蒐集孩子的病史、發展史以及家庭功能狀態等資料，才能進行功能評估及其他檢查，並非所有衝動或不專心的孩子就是ADHD。

過動症需不需要服藥？

目前台灣在ADHD藥物治療上使用的主要藥物有短效型的利他能（Ritalin）、長效型的利長能（Ritalin-LA）、專思達（Concerta）以及思銳（Strattera），醫生會依個別需求開藥，而常見的藥物副作用有失眠、頭痛等症狀。

到底過動症要不要吃藥？其實各有各的擁護者，但不論是哪一派，協助過動孩子絕對不是只有單一治療法就能成功，過動症的治療通常需要家庭、學校與醫療三軌並行，並且以藥物治療搭配非藥物的治療。

照顧過動兒不容易，要讓孩子服藥更不容易，在某次的個案研討會中，媽媽很無力地抱怨：「我一個當媽媽的，光是要上面的公婆接受威丞看醫生就已經很困難了。」爺爺和奶奶不能諒解孩子要吃藥，他們認為小孩子打打鬧鬧很正常，擔心孩子會被街坊鄰居閒言閒語，面對爺爺和奶奶的指責，同時又要面對來自學校的電話，媽媽感到壓力很大，「我也是每天跟威丞說不能跟同學打架，不要干擾老師上課，我還能怎麼辦？」

專輔老師這樣做……

改善ADHD的症狀必須學校、家庭與醫療三方互相配合，藥物能減輕孩子的衝動行為，但同時也必須搭配個人或團體的非藥物治療，像是：認知治療、行為改變、社交技巧、放鬆練習、藝術治療、遊戲治療、情緒管理、神經生理回饋治療等，建立良好的親師合作關係，以生理、心理及認知多方修正孩子的暴力習慣，提升自尊心、成就感，改善人際關係。所以面對過動的孩子，我會更直接明確的呈現出輔導目標。

人不是問題，問題才是問題

「是什麼原因讓你一直被記過？」

「跟同學玩、愛講話。」

「如果一直被記過會發生什麼事？」

「被媽媽罵。」

「你喜歡這樣的生活嗎？」

「我喜歡玩，但不喜歡被罵。」

「玩樂跟被罵這兩者可以分開嗎？要怎麼做？」

「可以吧，不要玩太兇。」

「那除了跟同學玩肢體碰撞遊戲，還有沒有其他休閒活動呢？」

我協助威丞覺察問題行為帶來的影響，摘要出「跟同學玩—發生衝突—被記過—被媽媽罵」的模式，引導孩子將問題分化，帶著他找出肢體碰撞以外的替代性遊戲，例如：球類運動、益智類遊戲、魔術方塊、跳繩等其他動態活動，然後還原每次的衝突事件，帶著他討論處理生氣的方法，再請孩子練習這些方法以牢記在心，同時也一起討論上課吵鬧的原因及解決方法。

「是什麼原因讓你動手？」

「我也不知道為什麼，可能是因為生氣吧？」

「上課會想講話的原因是什麼？」

「因為上課無聊、聽不懂，又想跟同學聊天。」

「當你想講話又坐不住時，怎麼辦？」

「抄筆記、放空、不起鬨吧？」

「有沒有什麼時候，是你也可以安靜下來呢？」

討論出這些方法後，我也將這些方法轉達給導師，讓導師可以在班級中協助威丞，在他做得不錯時給予肯定，導師也可以設計一套加分制度，讓孩子累計點數，讓他看到自己的成長與進步。

接著在幾次的會談中，我將輔導目標轉移到情緒管理，協助威丞覺察自己除了生氣以外的正向情緒，並強化這些正向情緒與事件。

「什麼時候你會為自己感到驕傲呢？」

「沒有被記過的時候。」

「嗯，最近的記過變少了，你是怎麼辦到的？」

「有嗎？」威丞靦腆地笑著。

「想想最近的自己跟以前有什麼不一樣呢？」

「我下課會去找別班朋友聊天或睡覺。」

「你跟朋友都聊些什麼呢？」

我讓威丞看到自己除了打架鬧事，也能用其他方式與人互動，這樣的活動既不會無聊也不會被懲罰，是個正向循環。

原來孩子也可以做到

為了讓威丞離開諮商室後，也能靜下心來覺察自己的每個當下，所以除了認知行為治療外，我也在會談中加入了遊戲治療，利用他喜歡玩的心態，選擇一款桌遊《超級犀牛》，這款桌遊需要很大的耐心跟專注力。在遊戲的過程中，雖然孩子一開始有點急躁，但為了獲勝，威丞很快地就把心定下來。

「哇，你蓋房子也太穩了吧。」

「我發現你在這過程中是有策略的耶，先把類似的牌卡挑出來，把較難的牌卡以反方向堆疊上去，這需要很高的耐心和數學邏輯思考能力呢。」

將威丞在桌遊中的亮點傳達給導師後，我乘勝追擊，邀請他到我的班級挑戰職業分享的任務。

「唉啊，老師，我不可能啦，我什麼都不會。」

「我可以從零開始教你啊，我們一起試試看。」

威丞從來沒有這樣的體驗，在不斷地鼓勵和學習下，儘管他不喜歡看書，但還是很努力翻開《工作大未來》查詢資料，認真地看待這項任務。

「好開心你今天靠自己完成了這個任務，很不容易！」

「嗯，之前大家都不相信我。」

「你做到了，其實你可以的，讓大家看到你的能力。」

報告當天很順利，威丞也收到了學弟妹的感謝小卡，我將這些成果回饋給導師，讓導師在班上也能提供孩子舞台，改變同學對他的負面印象，同時也增進孩子與導師之間的關係，強化導師與家長的正向連結。

直接、明確、簡要、一致的指令

面對 ADHD 孩子，有效的班級經營很重要，有些導師會將這類的孩子安排在最後一排或第一排特別座，但座位的安排必須盡量是老師可以隨時掌控的地方，避免讓孩子坐在容易受干擾的座位，針對孩子的行為規範也要以直接、明確、簡要且一致的指令呈現，告知孩子正確的做法，例如：以「舉手後發言」取代「不要插話」，「飯前洗手、飯後刷牙」取代「養成良好的衛生習慣」。

透過班級幹部增進孩子的成就感，在班級中回饋孩子表現不錯的地方，當孩子有好表現時，可以詢問孩子是怎麼辦到的？進一步讓孩子複製好的行為與態度，老師也可以在課堂中讓孩子擔任小助手，協助發作業或擦黑板等任務，減緩孩子坐不住的焦慮，在班級中設置一個小角落放置抱枕或玩偶，提供孩子一個紓緩情緒的空間。

家庭和學校是孩子主要的生活空間，家長和導師面對ADHD的孩子容易有高度的壓力，必須彼此互相陪伴與合作，彼此都是對方重要的支持者，所以良好的親師關係絕對會比單打獨鬥來得有力量、有效能。

給家長的陪伴叮嚀

ADHD 治療需要家庭、學校及醫療三軌並行： ADHD 治療必須學校、家庭與醫療三方互相配合，藥物治療搭配個人或團體的非藥物治療，例如：認知治療、行為改變、社交技巧、放鬆練習、藝術治療、遊戲治療、情緒管理、神經生理回饋治療等。

人不是問題，問題本身才是問題： 協助孩子覺察問題行為所帶來的影響，摘要出問題行為模式，利用外化問句引導孩子與問題分化，找出肢體碰撞以外的替代性遊戲，並還原每次的衝突事件，討論面對生氣情緒的方法，讓孩子知道自己也能夠處理這些「困擾著自己的問題」。

直接、明確、簡要且一致的指令： 針對 ADHD 孩子的行為規範要以直接、明確、簡要且一致的指令呈現，告知孩子正確的做法，例如：以「舉手後發言」取代「不要插話」，「飯前洗手、飯後刷牙」取代「養成良好的衛生習慣」，讓孩子能夠很清楚地了解指令、接收指令。

Chapter 02

叛逆期的偏差行為

探究問題背後的問題，
才能真正幫助孩子

青少年的偏差行為，往往讓家長頭痛，
在各種不理解、生氣與爭吵下，
親子之間的距離愈來愈遠。
在學校裡，也許因為連孩子自己都不清楚的渴求，
下意識地改變自己的行為，
但往往得到的也只是訓斥。
孩子們可能只需要更多的關注而已，
因此請相信孩子，你便能走進他們的心。

抽菸有這麼嚴重嗎？

找出背後原因，比禁止或責罰更重要

聽聞或見到孩子吸菸，
多數的父母第一個反應就是斥責，
但是往往只會加深親子間的裂痕，
問題也無法解決。
孩子會吸菸，有許多影響因素，
需要一一探究，找出原因，再協助孩子戒除菸癮。

「小孩子抽什麼菸？」

「你好好想想，這樣下去對嗎？」

「你知道你現在應該好好讀書嗎？」

媽媽意外發現勝益放學後在校外抽菸，原本想衝上前大罵，但因為一旁還有他的朋友們，只好忍了下來，決定回到家再好好跟孩子談這件事。

「只是剛好朋友在抽，一起抽一下而已啦，有什麼好大驚小怪的？」面對勝益一副不在乎的樣子，媽媽心中的怒火更難以消滅。「什麼叫做一支而已？」、「你再給我抽試試看。」媽媽不客氣地警告，再犯就永久沒收手機與零用錢。

母子兩人陷入了冷戰，媽媽心中還是希望可以跟孩子好好「理性溝通」，但只要一跟勝益對話，又會忍不住想指責。我請媽媽回想跟孩子的對話，第一句表達了關心和擔心後，第二句和第三句就又回到碎念與教訓的狀態，當然孩子就不再願意開口談。

用平靜的心找出原因

家長發現孩子抽菸時該怎麼辦？以斥責或體罰來懲治孩子多半是不奏效的，可能會使孩子更加迷戀菸品，所以在跟孩子談話前，必須先假設孩子「一定有他的理由」，以一顆平靜的心去跟他談話。

「因為大家都在抽，沒抽會被看不起」、「兄弟都給了，抽個一、兩支給個面子啊」，青少年吸菸的原因有很多，在我的實務工作經驗中，大致可將青少年吸菸的因素分為四大類。

首先為個人因素，面對青春期成長帶來的各種壓力，孩子為了抒發這些負向情緒，可能會選擇菸品來暫時的忘卻煩惱、麻痺自己，獲得短暫的情緒宣洩，孩子將吸菸作為因應壓力的調適方法，吸菸可以帶來放鬆感。孩子也可能為了引起關注，想與眾不同而利用抽菸來讓自己感覺很「帥」、很「酷」，成為眾人的目光與焦點。

第二為家庭因素，孩子的主要生活空間為家庭和學校，從小看著家裡的長輩吸菸，當然就會認為吸菸是件很正常的事，甚至有些家庭還會不避諱地拿菸給孩子，加劇孩子的菸癮問題。當家庭功能較為薄弱且缺乏正向連結時，孩子吸菸的機率也會提高，另外過多的零用錢，也會提高吸菸的比率。

第三為學校因素，同儕關係是青少年非常在乎的關係，特別是同儕間的認同與歸屬，為了得到團體歸屬感，孩子可能會抽「應酬菸」，擁有較多複雜的校外朋友，也可能會有較高的吸菸比率。根據衛福部調查顯示，國中二手菸最主要來源為校外人士，其次為吸菸同學。這幾年國高中學生電子煙吸食率也逐年攀升，電子煙易在菸品中添加不同口味，掩蓋菸草辛辣的刺激味，更容易吸引年輕族群。

第四為社會因素，社會大眾與媒體傳播的影響力極高，加上菸草公司的行銷、包裝，誘使青少年吸食菸品，孩子可能會基於好奇心，想知道抽菸是什麼感覺？開啟了第一支菸，有些孩子則會將吸菸視為大人的象徵，以滿足心理上欲成熟的需求，或是因為崇拜某位偶像、人物而錯將吸菸行為內化，相信抽菸可以減肥等不實謠言。

專輔老師這樣做……

「什麼時候開始的？」、「一天要抽幾支菸？」了解孩子抽菸的因素後，我評估勝益的菸癮狀況，曾經一天可以抽掉一包菸，約二十根，菸癮程度相當嚴重。「你怎麼看待自己抽菸這件事呢？」他笑笑地說自己沒有上癮，抽菸根本也沒什麼大不了的，都是跟朋友在一起的時候才會抽，如果真的要提上癮，爸爸的菸癮才嚴重，隨時都要好幾包。

「那你覺得媽媽怎麼看待你抽菸這件事呢？」

「我知道她不喜歡。」勝益皺了一下眉頭。

「嗯。」

「我也有想過要改啦，但很難。」

其實勝益非常在乎媽媽的感受，也曾經有想過戒菸，於是我給了孩子一個肯定的眼神，詢問他之前戒菸的過程。「我當然有想過要戒菸，但不知道怎麼做，可能意志力也不夠吧。」對勝益來說，好奇與應酬外，抽菸也是他紓解壓力的主要方式。

找出吸菸背後的因素

糾正孩子吸菸的不良行為，必須針對吸菸的不同因素對症下藥，順著勝益的話，面對壓力時缺乏其他正向的壓力調適方法，這是阻礙戒菸的原因之一，於是我帶著他一起思考：除了吸菸，還有哪些方式可以紓解壓力？「你生活中有哪些壓力？」、「這些壓力的來源是什麼？」、「除了抽菸，有沒有什麼時候也會讓你感覺放鬆點？」

勝益課業學習低落，沒有什麼特殊才能，唯一比較驕傲的就是跑步，後來接觸了陣頭，在陣頭中擔任鼓手，陣頭文化的向心力讓他充滿歸屬感。「我覺得陣頭不是壞事呀。」孩子認真地向我澄清大眾對陣頭文化的迷思，我沒有任何評論，只是提出了幾個問題讓孩子思考：「出陣會不會影響到校時間？」、「在交友上如何避開危險？」、「萬一不小心抽到K菸怎麼辦？」

從勝益的回應我可以發現，他非常需要團體歸屬感，花了很多時間和心力到陣頭尋求認同與自己的定位，這也反映出孩子在家庭中與家人的連結偏疏離，接著我們一起思考了戒菸有哪些優缺點？戒菸的優點剛好都可以獲取心中所希望的，不被記過、呼吸順暢、跑步能力進步、被更多人喜愛、不讓媽媽擔心等。最後，我肯定了他「想改善」的心，因為這是一件不容易的事，我也邀請孩子一起思考戒菸會有哪些困難？如何克服？一起訂定出適合自己的戒菸計劃，並從旁擔任督促的角色。

建議深度的菸害認知

在這個資訊爆炸的時代，孩子們都知道吸菸有害身心健康，但當我們更深入、更具體地詢問孩子抽菸是如何危害身心的？孩子卻都不太清楚。抽菸會造成氣喘、支氣管炎等呼吸道的疾病，尼古丁也會影響青少年的大腦發展結構，使認知能力缺陷，在外觀上容易造成嘴唇或鼻尖變黑、皮膚暗沉，這是青少年最在乎的地方。根據研究顯示，菸品是青少年物質濫用的「入門毒品」，許多青少年吸食一至兩支菸就會上癮，儘管青少年都認為自己可以控制菸癮，但往往比成人更容易產生依賴，一旦開始吸菸後，日後也會有較高使用酒精及毒品的機率。

體認到吸菸對身心的危害後，我們要讓孩子「相信自己可以戒菸」，提高孩子的自我效能感，在家庭方面多營造輕鬆、活躍的氛圍，陪孩子參加有意義的活動以提升其成就感，培養多元的興趣，讓孩子探索自己，強化自我價值並獲得更高自控力與信心。

堅定表明拒菸態度

態度可以影響一個人的行為，不論是身邊人的態度或是孩子本身的態度，父母反對吸菸也能促使青少年拒絕使用菸品，故除了同儕的影響外，父母也是影響孩子吸菸的重要關鍵，有高達四成國中生第一次嘗試吸菸是在家裡，所以父母必須以身作則，建立一個無菸家庭，明確表明拒菸的態度，並留意孩子的花費去處，多管齊下的協助孩子成功戒菸。

給家長的陪伴叮嚀

青少年吸菸原因包含個人、家庭、學校及社會因素：孩子容易將吸菸作為因應壓力的調適方法，當家庭功能較為薄弱且缺乏正向連結時，孩子吸菸的機率也會提高，有些孩子則可能會為了得到團體歸屬感抽「應酬菸」，或是因崇拜某位偶像而錯將吸菸行為內化。

增進孩子的壓力調適能力及社交能力：帶孩子思考除了吸菸外，還有哪些方法可以紓解壓力？營造輕鬆、活躍的家庭氛圍，陪伴孩子參加有意義的活動以提升其成就感，藉由這些活動學習人際社交技巧，當孩子在家庭中的歸屬感被滿足後，在同儕關係中也較能與他人建立正向的關係。

提供菸害認知並明確表明拒菸態度：抽菸除了傷害身體、大腦與認知外，在外觀上容易造成嘴唇或鼻尖變黑、皮膚暗沉，這是青少年最在乎的地方。許多青少年一旦開始吸菸，日後也會有較高使用酒精及毒品的機率，父母須明確的表明拒菸態度，打造無菸家庭。

暴力，是不被允許的

帶著孩子一起尋找其他的解決方法

要解決暴力問題，
除了要深究行為背後的原因，
還得讓孩子明白拳頭相向最終並不能達到目的，
還會付出許多代價，
只要當這樣的無效行為被確定後，
孩子的改變就會發生。

「每次都是他先白目的。」

「當然要打到讓他怕啊。」

「這樣他才不會繼續弄我。」

永誠理直氣壯地吼著，覺得自己才是真正的受害者，不能接受為什麼是自己被送到學務處，還要來輔導室。導師對此很不諒解，覺得他都在為自己找藉口，永遠都覺得是別人的錯，從不認為自己的暴力行為也有錯。

「我都有跟他好好說了，軟硬兼施都沒效，每次都說會改，結果還不是一樣。」導師列出了永誠從開學至今的打架紀錄，一共有五頁密密麻麻的，跟家長溝通後，家長都說會好好教育孩子，但暴力行為依舊沒有減少。

只是想保護自己

「為什麼是我來輔導？」永誠認為自己根本不需要輔導，那些白目又嘴賤的同學才需要輔導。

「我覺得我脾氣算不錯了，對他們也已經很容忍了，每次都是他們故意在那邊嘴砲，讓我不爽，明明都是他們先開始的，為什麼是我的錯？」

「你覺得很委屈？」

「對。」

「那你都聽見他們說你什麼？」

「我沒聽到，但我知道他們就是在講我。」

「喔？是什麼原因讓你可以這麼肯定？」
「因為他們之前很愛嗆我。」
我先站在永誠的角度去同理他的感受，得知孩子之所以會這麼認為，是因為過去同學都會開他玩笑，所以現在只要同學聚在一起，他就會認為他們一定又是在取笑自己，然後便會失控地拿東西往同學身上砸，甚至是直接衝過去把同學壓在地上打。
「只要讓他們怕我，他們就不會再來惹我了。」
「你都用什麼方式讓他們怕你呢？」
「打架啊。」
「為什麼要讓他們怕你？」
「這樣才不會被欺負啊。」
「老師發現你很在乎不被欺負這件事，是因為以前有類似的經驗嗎？」
「對，如果要保護自己，就要很會打架。」
「嗯，不過你都用暴力的方式來保護自己，會不會一不小心變成是你在欺負其他同學呢？」
「有時候確實會不小心太過頭。」永誠停頓了一下。
「你能發現到自己曾經不小心太過頭，這很不容易，如果不使用暴力，還有什麼其他方法可以保護自己呢？」
「不知道。」

專輔老師這樣做……

我肯定了永誠想保護自己的心，但同時我也點出了這樣的保護可能會變成另一種欺負，透過孩子的描述可以發現，他的攻擊行為包含了防衛性、敵意性和工具性攻擊。同學的言語挑釁讓他感受被威脅，為了保護自己不再受到言語騷擾，出現暴力的防衛性反應，進而對某些特定同學產生敵意，只要同學有任何一個舉動讓自己不舒服，就會想透過暴力的方式來傷害對方，同時獲得被尊敬的地位。

證明無效，改變才會發生

「你覺得打架這個方法有效嗎？」

「有啊，因為他們有時候就不敢再弄我了。」

「有時候？所以這代表了有時候他們還是會繼續弄你囉？」

「對。」

「那你會怎麼做？」

「繼續打啊。」

「如果我們把每次的記過單拿出來分析，會發現打架並不是一個好方法，因為同學並沒有減少繼續弄你的習慣，所以一定還有其他更有效的方法。」

「有嗎？」

「如果找大人來處理呢？」

「導師都不會處理啦，頂多只是找他們去講一講而已，學務處也只會認為是我的錯，一直偏袒。」

「會不會是因為大家剛好看到的，都是你打同學的畫面，但是打人就是不對，儘管你只是想保護自己？」

取代已被證明無效的行為，改變才會發生。永誠只會使用暴力來解決問題，所以我透過一來一往的對話讓孩子發現暴力是無法達到保護自己這個目的的，反而還會使自己被記過，一不小心就引發更大的糾紛。

運用蘇格拉底式對話

儘管我的目的也是想要告訴永誠「暴力行為是不對的」，但我不認同暴力行為，並不表示我無法同理孩子的情緒，所以在晤談中我會告訴孩子：「雖然你是打人的那一方，但我也很重視你的想法與感受。」

面對青春期的孩子，如果直接以命令的方式教訓孩子，孩子只會更加的敵視我們，不願意和我們對話，我們與孩子之間的距離也會愈來愈遠。

如果採用溫和的方式來跟孩子們「說道理」，可能也會使某些孩子感到厭煩，用敷衍的態度隨便呼嚨我們。

蘇格拉底式非教導式的「對談」，是不與孩子爭論其主觀上的詮釋，在了解孩子的觀點後，透過一層又一層的對話與反問，引導孩子評估自己的想法，釐清看法中的不足與矛盾，藉以修正本身的認知與價值觀。「打架為你帶來什麼好處和壞處？」、「打架對自己及其他人會不會造成影響？」、「除了打架，有沒有其他方法也可以達到這個目的？」引導孩子擁有更多元的思考模式。

角色扮演練習

「當他們又說了你不喜歡聽的話時，我們可以怎麼做？」

我帶著孩子進行角色扮演的練習，第一階段先由永誠扮演自己，我扮演那些同學，第二階段則由永誠扮演那些同學，我扮演剛剛的永誠，我們試著去揣摩不同角色的情緒與感受，再針對這些情緒做討論，擬定因應策略。「角色扮演」是在個別輔導、團體輔導以及教學中很常見的技術，透過扮演不同的角色去體驗不同的生活感受，增加對角色的認識與學習，以提升問題解決能力。

除了透過對話來進行認知的修正外，永誠的暴力行為成因也包含了低挫折忍受力與錯誤的標籤。他總是認為別人對自己有敵意，這樣的詮釋會使他有被威脅的感受，面對那些愛故意找碴、尋釁滋事的同學，我們可以先審視那些話語是否有其真實性？是否有針對性？對方的目的是什麼？為什麼我會這麼生氣？我要不要接收這些話語？要不要讓這些話傷害自己？當憤怒與衝動的情緒出現時，先在心中倒數十秒鐘，不讓他人的刻意挑釁激起我們的攻擊行為，用適當的方式表達自己的不舒服，並尋求相關協助。

多管齊下的合作

「如果導師有效的介入處理，你會希望導師如何處理呢？」

「只要能讓他們不再弄我，我也不會主動弄他們。」

「嗯，如果下次又跟同學不小心起了衝突，我們先試試看不要動手，去請導師或學務處介入處理好嗎？」

當孩子遇到問題時，學校的老師必須能夠及時的提供協助與幫忙，讓孩子擁有正向的處理經驗並減少孩子的暴力行為，導師在教學中也可以納入防暴議題，與孩子討論暴力行為的成因，如何防止暴力行為？提升孩子的同理心與情緒管理能力。

為了防止孩子習慣以暴力作為解決問題的方法，在家庭養育上，我們應給予孩子一個充滿愛與溫暖的環境，避免孩子透過觀察模仿攻擊行為，如果家庭內部成員經常出現紛爭，互相猜測，孩子也會間接習得敵對的模式。增加親子之間的親密度，採用民主式的管理，避免過度嚴格與過度放任，隨時掌握孩子的日常生活狀態，在孩子有困擾的時候及時教導正確的解決方法，給予正確示範，減少孩子接觸具有暴力內容的大眾媒體傳播。

青春期的孩子們，因為缺乏正確的問題解決能力，遇到衝突時較無法及時的思考行為所帶來的後果與影響，特別需要大人們在旁給予正確的引導，藉由家庭、學校及整個社會互相合作，讓孩子在無暴力的環境下健康成長。

給家長的陪伴叮嚀

證明無效，改變才會發生：取代已被證明無效的行為，改變才會發生，透過對話讓孩子發現暴力是無法達到保護自己的目的，反而還會使自己被記過處分，一不小心就引發更大的糾紛，當孩子發現並認同原本的方法無效時，我們就更有機會帶著孩子改變。

蘇格拉底式對話：蘇格拉底式非教導式的「對談」，是不與孩子爭論其主觀上的詮釋，在了解孩子的觀點後，透過一層又一層的對話與反問引導孩子評估自己的想法，釐清看法中的不足與矛盾，藉以修正本身的認知與價值觀。

角色扮演練習：「當他們又說了一些你不喜歡聽的話時，我們可以怎麼做？」讓孩子扮演不同的角色，揣摩各角色的情緒與感受，再針對這些情緒進行討論，透過角色扮演去體驗不同的生活感受，以提升孩子的問題解決能力以及同理他人的能力。

當憤怒左右了孩子的行為

只要是情緒，都需要被傾聽

只要是人都會憤怒，
只要使用適當的宣洩方式，
就能當情緒的主人。
在孩子身上，更需要大人的協助，
練習與情緒共處，
找出適合自己的宣洩方式，
避免因為憤怒的情緒，產生不好的後果。

「那是因為他們都說我很吵。」

「馬的，一群王八蛋。」

重光呼吸急促，忿忿不平說著，還無法從剛剛那件事情緩和下來，對於導師的記過處分也感到非常不爽。

「我可以感受到你很在意大家這麼說你。」

第一節英文課，老師還沒到教室，重光自告奮勇地走到講台前幫忙管理秩序，叫了某位同學安靜後，被同學回嗆：「全班最吵的就是你，你憑什麼管我？」結果重光回嗆了一句：「幹！」引來其他同學的不滿，一起指責他，重光見到此般情景，惱羞成怒地衝到台下抓了那位同學的衣領，舉起拳頭來要打他，而這一幕剛好被英文老師撞見。

允許憤怒出現

每個人都會憤怒，憤怒是個正常的情緒。

情緒，是我們對某人某事所產生的一種感覺，我們會因為某個人或某件事而產生不同的反應，很多時候我們在教育孩子時都會告訴孩子「不可以生氣」、「生氣是不對的」，但不斷地否定憤怒情緒，只會導致孩子在生活中更不知道怎麼處理憤怒，這時候孩子可能就會選擇最直接的肢體暴力來處理。

讓孩子們了解每個情緒的出現都是正常的，覺察與辨識自己的情緒，每個人都可以擁有正面和負面的情緒，但不要讓情緒控制自己，我們必須當情緒的主人。誰說「憤怒」就一定是壞的情緒呢？憤怒可以產生力量，促進我們與人交談，表達出自己的想法與感受；憤怒也可以激起我們想要改善現

狀、增強控制生活的動機，但憤怒同時也會讓我們無法思考與行動，容易引起別人異樣的眼光，甚至引發攻擊行為，所以任何一個情緒都會有其正向和負向功能，端看我們如何運用。

專輔老師這樣做……

「為什麼不會學習忍耐呢，都已經國中了。」面對導師的指責，我非常不認同，我能理解導師的不悅與無力感，但我們也需要去理解孩子們的憤怒情緒，即使孩子憤怒後出現的暴力行為是不對的，但他的情緒也是需要被傾聽的，特別是傾聽其情緒背後的需求與渴望。

我能理解你

「你能跟我說說剛剛發生了什麼事嗎？」

「導師不是都跟妳說了嗎？」

「嗯，但我想聽聽你的說法，因為我知道你會這麼生氣一定是不小心失控了。」

重光對自己很沒有自信，學校課業無法擁有良好的表現，也沒有其他專長，但又期許自己可以被大家喜歡，成為班上的萬人迷，所以選擇搗蛋的方式來引起同學和師長的注意。那天，他好不容易鼓起勇氣想為英文老師管理秩序，結果卻換來同學的批評，也沒有一位大人願意坐下來聽聽重光怎麼說，理解孩子生氣的背後，其實是因為難過，以及對自己的失望，導師只是一味地叫他要忍耐，卻沒看見他憤怒下那充滿淚水的雙眼。

面對因憤怒而打人的孩子，儘管我知道孩子有錯，我也不會馬上指責，相對的我會先邀請孩子還原現場，聽聽他們的故事版本，然後在孩子的描述中，去理解孩子是怎麼看待整個事件的？跟著他的角度去感受、同理，讓孩子知道：「我能理解你為什麼這麼生氣」。

憤怒的替代行為

「生氣之後你怎麼說？怎麼做？」、「做了這些事情後，發生了哪些事？造成哪些影響？」、「你覺得這樣的處理方式好不好？下次可以怎麼做比較適當？」同理孩子的憤怒情緒後，我會再帶著孩子一起討論憤怒所造成的影響，以改善暴力的行為。

「你一開始是希望自己可以幫忙管理秩序，但卻遭到同學的批評，所以用拳頭來表達不滿，導致其他同學更無法信服你，現在還必須愛校服務，被禁足、沒收手機，這樣的結果是你想要的嗎？代價會不會太大？如果可以，當下有沒有更好的處理方式呢？」

當我們直接告訴孩子這樣做是錯的，孩子通常聽不進去，但如果我們帶著孩子思考，讓他發現自己這樣做，不但沒有改善現況，反而還需付出更大的代價，孩子就會非常有感，這時候再去跟孩子談正確宣洩憤怒的方法。

憤怒地圖法

正向宣洩憤怒的方法有很多，跟孩子討論這些方法時，我會帶著孩子一起繪製一份專屬的「憤怒地圖」，讓孩子帶著走。

首先準備一張A4白紙和一支筆，在白紙上方橫向寫下宣洩憤怒的方法，每一個方法下畫上一條垂直線連到白紙的下方，白紙下方依序填上喜歡的明星、卡通或歌曲等，選擇一個主題即可，最後在每條線的中間隨興畫上幾條橫線，呈現梯子的樣貌。

「過去曾經出現過哪些憤怒事件，讓你感到印象深刻的呢？」

「國小有一次在操場被撞到瘀青，當下揍了對方一拳。」

「那後來事情怎麼發展？」

「我後來氣消，才發現對方不是故意的。如果再一次，我應該會先搞清楚他是不是故意的吧？」

「你是用什麼方法讓自己氣消，同時搞清楚對方不是故意的呢？」

我讓重光回想印象深刻的憤怒事件，透過事件的回顧，協助他看見自己擁有的解決策略，當孩子丟出一個方法後，再針對這項方法不斷擴展，例如：提到爸爸曾經告訴自己生氣時就去喝青草茶，而喝青草茶必須先回座位拿，所以要離開現場，於是「澄清」、「喝青草茶」與「離開現場」三個替代行為就出來了。

就這樣在一來一往的對話中，我跟孩子列出了十項方法：喝青草茶、找人說、深呼吸、離開現場、倒數冥想、向對方說出自己的感受、撕紙、轉換想法、打軟的物品以及澄清，這十項方法不一定是最正確的答案，但都是透過討論後最適合重光的做法。

接著我請重光將這些方法寫在憤怒地圖上，邀請孩子以遊戲的方式，決定今天要用哪一項方法來宣洩情緒，例如，今天想要選NBA球員Giannis，就在地圖下方選定Giannis，沿著線往上走，看看最後會連到地圖上方的哪個策略？

重複演練「那時候」

「現在，讓我們回到那時候，離開現場的話，要去哪裡？在學校裡可以找誰說？要怎麼轉換想法？在教室裡有哪些紙可以撕？怎麼拿到？」

光是討論憤怒的替代行為是不夠的，我們在冷靜時都能理性思考，但在情緒的當下就會斷了理智線，所以完成憤怒地圖後，我繼續帶著重光演練「那時候」，模擬生氣的情境，讓重光重新感受情緒，體驗不同的宣洩方式，進而應用在真實的生活情境中，以減少攻擊行為。

演練時，我也一項一項仔細地與孩子討論具體做法，不讓這些替代行為淪為空泛。以轉換想法為例，可以將「你是故意針對我，看我不爽。」修正為「你是不小心的。」、「這是你的情緒，我不會受你擺佈。」

另外，也透過定期的晤談，讓孩子利用紀錄來追蹤、管理情緒，在每次的會談中寫下自己的想法、感受與行為，提升情緒覺察力，辨識生活中的憤怒因子。

在幾次的晤談後，重光漸漸能將這份憤怒轉化為進步的動力。某次還開心地拿了一張素描和我分享，這是他宣洩憤怒情緒的新方法。這張素描也意外讓重光在全班面前被老師稱讚，讓班上的同學發現他是個很會畫畫的人才，進一步的開始欣賞、崇拜重光。

給家長的陪伴叮嚀

允許憤怒出現：每個人都會憤怒，憤怒是正常的情緒，如果不斷地否定憤怒，只會使孩子不曉得怎麼處理生活中的憤怒情緒，憤怒可以產生力量，激發改善的動機，每個情緒都有其正面與負面的功能，只要不讓情緒控制自己，就能成為情緒的主人。

憤怒地圖法：繪製一份專屬於自己的「憤怒地圖」，讓孩子可以帶著走，邀請孩子回想印象深刻的憤怒事件，透過事件的回顧協助孩子找出更多的情緒因應策略，然後以遊戲的方式，讓孩子決定今天要用哪一種方法來宣洩情緒。

重複演練「那時候」：光討論憤怒的替代行為是不夠的，我們在冷靜時都能理性思考，但在情緒的當下就會斷了理智線，所以必須帶著孩子演練「那時候」，模擬生氣的情境，讓孩子重新感受當下，體驗不同的宣洩方式，進而應用在真實的生活情境當中，以減少攻擊行為的表達方式。

說謊的背後藏有孩子的渴望

信任是用來理解孩子的重要途徑

父母、老師和孩子們之間的關係，
最重要的便是信任。
當面對孩子明顯的說謊或異常行為，
也許選擇相信孩子，
會是把能走進孩子內心的鑰匙。

「老師，老師！」

「彩秀在教室裡中邪了。」

「超可怕的。」

一群學生在下課時間急忙地衝進輔導室，七嘴八舌地說彩秀在教室裡中邪了，剛剛彩秀的爸爸還來學校幫忙驅邪，已經把她帶回家休息了。

「蛤？中邪？驅邪？直接在教室裡？」聽到這些訊息，我感到很不可思議，趕緊找了導師了解狀況。「同學們剛剛跑來跟我說彩秀中邪了？是發生了什麼事？情況還好嗎？」然而導師卻非常冷靜地回應我：「我跟妳說啦，那一看就是假的，只是在逃避上課而已啦，妳不用當真。」

孩子總是被附身

靜養了幾天後，彩秀返校就學，我在晤談間詢問了之前中邪的事，彩秀突然激動地問我：「老師，妳願意相信我嗎？」

「嗯，我願意相信妳，我很擔心妳。」

彩秀表示上週假日去了一家 7-11，進入 7-11 後就覺得渾身不對勁，感覺人有點不舒服，由於家裡是經營宮廟的，所以可以感應到某些狀態，她判斷應該是被一些靈魂跟上，大概也能猜出對方的身分，他是一位學生，會邊哭邊笑，之前上課的時候，還突然兇狠地瞪著導師，害導師以為自己中邪，趕緊找爸爸到學校驅邪。

「老師，但是我這幾天又被一位跟上了，這次是個上校，全身金光閃閃的。」

「妳會害怕嗎？」

「不會啊，因為只要他沒有傷害我，我就不會害怕。」

「那妳怎麼知道他不會傷害妳呢？」

「因為他昨天有利用我的身體操控我。」

「操控妳？」

彩秀表示昨天晚上，那位上校突然操控自己的身體走到了爸爸的房間，不斷拍打爸爸的背，當時爸爸正在睡覺，沒有發現，上校一邊拍打著爸爸的背，還一邊交代爸爸要好好工作、賺錢，好好地照顧這個家，不要常常發脾氣，整個過程大概持續了五分鐘才結束。

導師的不信與孩子的堅持

「我跟妳說啦，什麼附身？什麼靈魂？都是騙人的。」導師認為那些都是孩子自導自演出來的，甚至之前彩秀在廁所被打的事件，可能也是編造出來的。

「我發誓，我是真的被打了，但我不知道她是誰。」彩秀激動地對著我說，導師的不相信，讓她很無助。她表示那天早上自己一個人去女廁上廁所，出來的時候在門口看見一位不認識的女生，那位女生穿著學校運動服，但學號不是學校的號碼，還在疑惑時，那位女生就走過來打了彩秀肚子一下，然後轉身逃跑。後來導師請學務處調閱監視器，但因為廁所的位置是死角，無法拍到畫面，所以根本也找不到兇手。「我猜根本沒有人跟她擦肩而過。」學務處老師也表示調閱監視器後，都沒有發現任何異狀，前前後後也都只有彩秀一個人，沒有人與她擦肩而過，但彩秀還是非常堅持是因為監視器沒有拍到，而且監視器裡拍到的人根本不是她。

專輔老師這樣做……

晤談後的幾天，彩秀在某天午休走進了輔導室，全身發抖地說：「老師，我現在很不舒服，需要紙跟筆。」然後寫下了一句話：「太子中午生氣走了，我現在很冷、很不舒服。」正當我準備去聯繫導師時，彩秀一轉眼又跑回了教室。

午休結束後，彩秀再一次獨自地走進輔導室。「老師，我要送給妳一顆棒棒糖。」她拿出了一顆糖果、玩具和奶嘴，整個人像小孩子一樣，玩著玩具、吸著奶嘴，眼神、語調也都異於平常。同學追在後頭一起進了輔導室說：「老師，她被三太子附身了。」待同學一說完，彩秀就又變回原本的樣貌。

由於這實在是太荒謬了，所以我決定下一節課約談彩秀。「老師，因為這個學校有太多壞東西了，我會很危險，所以三太子才會來保護我。」、「可是三太子很討厭導師，只要導師一靠近，三太子就會離開我，我就會手腳冰冷，很不舒服。」說著說著，她突然盯著後面的白牆，面有難色地低著頭搖晃，一會兒後，變成了小孩子的聲音，我趕緊抓緊時機拿了手邊的糖果給彩秀，試著與附身的三太子對話：「三太子祢好，我是彩秀的老師，彩秀說祢是來保護她的，謝謝祢，不過因為祢突然來，可能會嚇到其他孩子，所以能不能跟祢協商一下，盡量不要在學校裡附身，改用其他方式來保護彩秀呢？」

相信，才能走進孩子的內心世界

「老師，妳知道為什麼三太子剛剛願意和妳協商嗎？」

「為什麼？」

「因為只有妳會給祂糖果吃啊。」

經過一次又一次的晤談後，我發現彩秀的怪異行為其實都是一個訊號，在生活中出現了巨大的壓力，使得彩秀出現那些怪異的行為。

跟三太子達成協議後，彩秀在學校被附身的次數也逐漸降低，儘管一開始我也是有點疑惑的，因為三太子不可能隨call隨到、想上身就上身，但我知道如果我不斷地懷疑，只會把我跟孩子的距離愈拉愈遠，所以為了能跟她有更多的對話、更深入地了解，我「選擇」了相信。

因為我的相信，我們建立了信任關係，她也願意減少自己在學校被附身的次數，不再執著於向大家解釋這是真的，而這些行為其實也都有其目的性。彩秀讓上校控制自己的身體，走進爸爸的房間拍打爸爸，是因為爸爸每天晚上都會偷跑出去喝酒，喝到半夜才回家，在家裡發酒瘋、大吼大叫，她非常討厭爸爸的這些行為，因此用這樣的方式警告爸爸。

廁所被打的事件是因為她希望得到導師的關注，於是編了一個故事，讓自己成為受害者，藉此獲得導師的關愛，因為她的內心比誰都希望自己能得到導師的寵愛，但導師的冷言冷語讓她很不舒服，為了逃脫這種不舒服感，於是出現了三太子的附身行為。

事實不是拿來確認，是拿來理解的

為什麼我會「選擇」相信彩秀，因為信任是理解孩子的重要途徑，在輔導的過程中，很多時候事實不是拿來確認的，是拿來理解的，面對這些脫序的行為，導師連聽都不聽，就直接下定論，這也是為什麼孩子會走進我的辦公室，希望能找到一位相信自己的大人。

經過不斷地溝通與討論，導師也從說服我「不需要相信孩子」，漸漸地可以理解我為什麼要「選擇」相信孩子。其實我也很清楚彩秀並非對我說實話，甚至是謊言一大篇，但我還是會「選擇」相信，因為唯有相信，我才有機會跟彩秀有更深入的對話，進入孩子的內心世界，理解這句謊言背後的目的與企圖，甚至是聽到孩子說出更多無預期的真心話。

給家長的陪伴叮嚀

相信，才能走進孩子的內心世界：儘管我們知道孩子是在說謊，但我還是會「選擇」相信孩子，如果我們只是不斷地懷疑，我們與孩子的距離只會愈拉愈遠，這份相信可以讓我跟孩子建立信任關係，跟孩子有更多的對話，走入孩子的內心世界。

事實不是拿來確認，是拿來理解的：信任是用來理解孩子的重要途徑，在輔導的過程中，很多時候事實不是拿來確認的，而是拿來理解的，當我們做了相信孩子的「選擇」後，我們才有機會去理解孩子這句謊言背後的目的與企圖，甚至是聽到孩子說出更多無預期的真心話。

Chapter 03

情竇初開的心

健康的兩性關係與觀念，是需要大人的引導和給予的

青春期的孩子，
對身體感到好奇很正常，
探索身體與情慾的需求，也會在這個階段發生。
與其迴避，不如好好做好準備，
和孩子談談這些課本沒教的知識。
教孩子處理情感的正確方法，尊重自己與他人的身體，
告訴孩子，愛自己比什麼都重要！

因失戀而痛苦的青少年

愛情的各個階段，都能學習如何處理感情

對於未成年的子女談戀愛，
父母總是緊張，甚至明言禁止。
不過，真的擋得了嗎？
男女之間的人際關係，
也是人際網絡中重要的一課，
與其禁止可能造成孩子的隱瞞，
不如陪著孩子一起修戀愛學分。

「失戀、放下、好難。」

佳雯一早到輔導室寫下了這幾個字，不斷哭泣，我安撫著她的情緒，這才知道原來她上週剛跟男朋友分手，難過、失落，又嚴重失眠，甚至連飯都吃不下去。

「老師，我覺得我好像生病了，是不是要看心理醫生？」佳雯分手後的心情都悶悶的，剛分手的那幾天還有想喝酒或輕生的念頭，所以她懷疑自己是不是生病了？心理出現了問題？

「失戀會難過是正常的，有些人會感到痛苦、孤單。」我將這些失落的情緒普同化，讓她知道不是只有她才會這樣，失戀多半都會伴隨著不同的情緒反應，但如果不斷出現自我傷害的念頭，就要提高警覺，向外求助，避免遺憾發生。

先緩和失戀帶來的情緒

「佳雯，妳能跟我說說妳跟男友之間發生了什麼事嗎？」

「唉，我也不知道。」她擦乾眼淚看著我。

佳雯發覺男友在上個月開始對自己冷淡，上週突然傳了一封訊息，上面寫著：「我對妳已經沒有感覺了。」這讓她非常錯愕，想詢問男友原因，但對方直接封鎖她。

「他居然連我的暱稱都改掉了。」說著說著，佳雯又趴在桌上哭了起來。

「他的這個舉動讓妳很受傷。」

「嗯。」

我同理並回應佳雯的情緒，待孩子情緒緩和下來後，我們才繼續對話。

「老師很擔心妳，妳這幾天難過的時候，除了哭，還有做些什麼事呢？」
「打電話給朋友吧。」
「嗯，打電話給朋友會讓妳感覺好一點。」
「除了打電話給朋友，還可以做些什麼來讓自己感覺好一點呢？」
「洗熱水澡吧。」
「嗯，熱水澡能產生鎮定的效果，讓妳感到舒服，還有嗎？」
「還有聽音樂吧。」佳雯想了一下。
「抒情的音樂也可以讓我們把心平靜下來，轉移注意力。」
「嗯。」
「那我們先約定好，如果這幾天還是很難過，就先做這些讓自己舒服一點的事。」
「好，可是，我還是無法放下他。」
「還是無法放下他，就先不要強迫自己吧。」
「但我怕我在他心中的地位愈來愈低。」

專輔老師這樣做……

佳雯想挽回男友的心，讓她昨天晚上忍不住到男友的臉書上留言「寶貝」、「老公」以及「我想你」等話，結果引來了男友的不滿，還直接打電話嗆她：「鬧夠了沒？」男友還說：「愛情是不能強求的。」

「我知道這是我的錯，但我太想他了。」佳雯的眼淚又稀哩嘩啦地掉下來。

「我們可以先準備一本小本子，把所有想對男友說的話都寫下來，妳覺得呢？」

我請孩子先給彼此一點空間，讓對方喘口氣也讓自己沉澱下來，想念男友的時候，可以利用文字書寫的方式來幫助自己抒發情緒，透過這些紀錄整理思緒，因為書寫不但可以讓我們在過程中與自己對話，也可以讓我們重新與經驗連結互動，重新形塑我們的思維跟感受，達到自我療癒的效果，我同時也評估佳雯的社會支持系統，避免她是一個人的，良好的人際支持網絡可以增強佳雯面對失戀的能量，家人與朋友的陪伴都能帶來力量。

和孩子一起探討愛情

一個禮拜後，佳雯的情緒明顯緩和許多，不知道為什麼男友又跟她聯繫起來，兩人還相約一起逛夜市。途中男友細心呵護，還買了很多布娃娃送給她，這些舉動都讓她很心動。

但逛完夜市的隔天，男友卻又像之前一樣冷淡，訊息已讀不回，這讓她開始矛盾，不知道自己到底該不該繼續和男友保持聯繫。

「老師，我覺得這段感情讓我好困惑，他的反覆無常讓我捉摸不定。」

「我一直在思考，這真的是我想要的愛情嗎？」

「嗯，那我們一起來探討妳想要的愛情吧。」

我們一起重新整理了這段關係，看看中間究竟是出現了什麼問題？孩子發現自己在愛情關係中，跟男友只剩下熱情元素，男友的浪漫讓她有強烈的迷戀，但兩人卻沒有真正的親密與承諾，沒有親密與承諾的迷戀式愛情，不是佳雯想要的愛情。

根據心理學家史坦柏格（Sternberg）所提出的愛情三元素理論，完整的愛情必須包含親密、熱情及承諾三元素。「親密」是一種彼此心靈親近，互相信任、接納的感覺，雙方可以給予彼此鼓勵與支持的力量，「熱情」包含了浪漫與外表的吸引力，會想跟對方有更多身體上或性的接觸，而「承諾」代表了雙方願意付出時間和心力一起經營愛情，是一種確認長期關係的允諾，完整的愛情如果少了其中一項元素，就會影響關係的品質。

每件事情的發生都有它的意義

「現在回想起來，我覺得之前失戀哭成那樣超蠢的。」

「一點都不蠢，因為這都是一個過程。」

「當時我都懷疑是不是自己不夠好？做錯了什麼？現在我才發現原來身邊還有家人、朋友愛著我，我有很好的條件來尋找更好的男友。」

「那妳覺得這段關係帶給妳什麼成長呢？有什麼收穫和損失？」

「原來失戀並不可怕，雖然很痛苦，但可以讓我看清楚自己想要的是什麼？」

「那我們來抽一張增能卡送給自己吧。」我讓佳雯抽張卡片送給自己，這張「沒有礁石，怎能激起美麗的浪花」，儘管目前還無法完全放下男友，但她知道這不是自己想要的愛情，所以也就不再這麼執著了。

「那妳還記得我們之前討論過，要結束一段感情，可以有哪些做法嗎？」我邀請佳雯一起討論正確的分手模式，練習未來可以健康地結束一段關係。

「當然記得啊，我才不會像他這樣只是單向告知而已。」

分手，這些考試不會考的事

分手的模式有很多種，包含「沉默式分手」：什麼也沒說，什麼也沒做，就是漸漸疏離不聯絡，無交代分手的原因；「宣洩式分手」：將交往期間所有的不愉快發洩出來，不斷責怪對方，不小心可能就會出現激烈的行為；「談判式分手」：使用各種條件來達成分手目的，過於冷靜、無情；「暗示型分手」：以逃避的方式做出傷害行為，暗示對方提出分手；「拖延型分手」：食之無味棄之可惜，拖延至對方提出分手；「單向告知」：決定分手後僅單向的告知；「堅持不分手」：不論對方說什麼、做什麼，就是不分手。而最適合的分手模式是「協議式分手」，將兩人不適合在一起的原因說明清楚，給予彼此互相表達感受的機會，達成共識，讓雙方有從容的時間整理情緒及相關事務、祝福彼此，兼顧理性與感性。

談分手時也必須注意安全分手的原則，包含慎選分手的時間、地點，盡量找公開的場合見面，分手的態度溫和而堅定，避免批評、指責對方，跟對方見面的時候，也要讓身邊親近的人知道，以免發生危險。

跟孩子討論這些話題，可以讓孩子了解到不管是談戀愛或是進入婚姻關係，都需要雙方彼此磨合，失戀也並不代表失敗，這些過程都可以讓我們學習如何結束一段關係，如何避開可怕的「危險情人」，如果對方是個不懂得尊重，且對你的生活、行動、自由都強烈控制，容易因小事暴怒，情緒反應不符合比例原則的人，就必須多加留意。

愛情是許多人一輩子都要學習的課題，許多人對於戀愛的樣貌都是從偶像劇或小說學來的，曾經我進行家訪時，有位孩子的媽媽還很生氣地質問我：「如果妳知道妳老公整天只會打電動，妳還會想嫁給他嗎？所以我根本沒有心管小孩有沒有上學！」孩子在夫妻不協調的環境下長大，其身心發展勢必都會受到影響。

給家長的陪伴叮嚀

失戀後的情緒照顧：同理並回應孩子的情緒，適當的情緒宣洩也是照顧自己的一種方式，透過紀錄整理思緒，書寫不但可以讓我們在過程中與自己對話，也可以讓我們重新與經驗連結互動，重新形塑我們的思維與感受，以達到自我療癒的效果。

每件事情的發生都有它的意義：「那妳覺得這段關係帶給妳什麼成長？有什麼收穫和損失？」儘管失戀是一種失去，我們還是可以帶孩子回顧自己在這段感情中的收穫，學習在下一段感情經營關係。所以不論是開心或難過的事，我們都可以在其中找到它的意義與回饋。

教導孩子正確的分手模式：分手的模式有許多種，其中最合適的為「協議式」分手，將兩人不適合在一起的原因說明清楚，給予彼此互相表達感受的機會，充分的達成共識，讓雙方有從容的時間整理情緒及相關事務、祝福彼此。

渴望愛情的年輕心靈

當愛情來到孩子面前，不如一起建立正確的愛情觀

面對著對愛情渴望的孩子，
與其禁止或阻斷來往，
不如趁這個機會，
和孩子討論想像中的愛情、理想的另一半，
並且告訴孩子在愛情中必須先學會愛自己，
別人才會愛自己。

「老師，我該怎麼判斷男生對我是真心的呢？」

鐘聲一響，巧婷就衝到輔導室問了我這個問題，然後看著我，盼望著我給的答案。

「怎麼會突然問我這個問題呢？」我疑惑地看著巧婷，孩子顯得有點害羞。

「因為最近又有一位男生向我告白了，我覺得那位男生很貼心，也很想趕快跟他在一起。」

「是喔，我記得之前跟妳說過要先多多觀察對方，有多一點的認識後，再從朋友當起，不要一下子就掉進愛情的漩渦裡喔。」

同學眼中的綠茶婊

最一開始巧婷是因為人際議題成為我的個案，當時她在班上一直處於被排擠的狀態，其中一項排擠的原因是，因為她曾有腳踏兩條船的紀錄，在兩性關係上非常花心，同學得知後就開始在背後罵她「噁心」，還幫她取了一個「綠茶婊」的綽號。

巧婷非常渴望兩性關係，每天晚上都會跟不同的異性朋友及網友聊天、視訊，男朋友也是一個換一個，她嚮往著自己能擁有很多異性朋友，以及被許多男生喜歡，享受著這種被很多男生追求、告白的感覺。

「所以這次是誰向妳告白了呢？」

「就上禮拜我跟男友分手了，然後認識了一位大哥哥，那位大哥哥說要跟我在一起。」

「大哥哥？他的名字是？年紀多大了？在做什麼？」

「痾……我只知道他在網路上的暱稱耶，好像還在讀書吧？」

「那妳為什麼想跟他在一起呢？」

「因為他很關心我啊，對我超好的，會對我噓寒問暖，而且他很專情，因為他跟前女友交往四年才分手，我們這幾天都會開視訊聊天。」

由於巧婷每次都搞不清楚追求者的來歷，所以我請她這次也先緩一緩，給自己多一些時間好好觀察，先和對方相處看看，且必須先避免單獨與對方約會、見面。

專輔老師這樣做……

過了一週後，巧婷又衝到輔導室來找我，「老師，我後來跟那位大哥哥在一起了，可是我們這幾天有點小吵架。」

巧婷跟那位大哥哥的小吵架，讓她不知道該怎麼辦？所以特地來找我，希望能跟我約個時間好好聊聊。

「其實他很願意為我改掉很多事情，但是……」巧婷的臉垮了下來。

原來男友本身是個生活圈很複雜的人，身邊有許多酒肉朋友，但因為男友很愛巧婷，所以願意為了她離開那群朋友圈，也改掉很多缺點，像是抽菸、喝酒等習慣。但就在某一天巧婷偷偷看了男友手機，意外發現男友跟許多女生曖昧，她吃醋地叫男友將這些女性好友刪掉，男友卻為了這生氣，還叫她閉嘴，這讓她很受傷，開始對男友產生不信任的感覺，於是雙方進入了冷戰。

「我訊息」溝通模式

「我原本以為交男友很甜蜜、很開心，結果現在好困擾，都不知道對方到底在想什麼？」

「那妳希望妳跟妳男友可以怎麼發展呢？」

「我希望可以和好啊，不再吵架，也希望他不要再跟那些女生曖昧了。」

「如果直接說出妳內心的感受呢？利用『我』來代替『你』進行表達，可能也會得到比較好的效果喔。」

當我們跟朋友或家人相處不愉快時，我們都會習慣以「你」做為開頭，來表達心中的不滿，例如：「你怎麼可以這樣說」、「你好白癡」、「你怎麼連這都不會」等，但這樣的表達方式只是在發洩情緒而已，難以進行有效的溝通。

「我訊息」溝通模式則是將「你」的說話方式，改為「我」，以「我覺得」的句型開始，第一步先將困擾自己的具體事件描述出來，例如：「我那天看了你的手機，看到你跟很多女生曖昧。」接著，第二步說出自己對這個事件的感受：「我感覺有點受傷。」最後，第三步說明這個事件對自己的影響，以及自己對此事件有什麼期待：「這讓我變得容易疑神疑鬼的，我希望這些曖昧可以減少。」

如果我們採用「你訊息」，可能會使對方有被責備、被批評的感覺，不但無法將問題的癥結表達給對方知道，也可能會不小心傷害彼此的感情，而「我訊息」的溝通模式既可以清楚地描述自己真正的感覺，對事不對人，又可以讓彼此之間建立更良好的互動關係。

釐清愛情價值觀

「老師，我們講開後也和好了，他向我坦承他跟前女友其實還在一起。」

「咦？真的假的？」我非常驚訝地看著巧婷，因為她在知道自己是第三者後，不但沒有要分手，還打算繼續跟對方在一起。

「妳這麼喜歡他嗎？妳喜歡他的哪些特質呢？」

「我覺得喜歡是不需要理由的。」

「那他吸引妳的地方是什麼？」

「他很貼心啊，會帶我去很多地方玩，讓我開心，也會叫我吃飯，幫我付錢。」

「這些行為都讓妳願意成為他的小三？」

因為孩子目前的心思都在對方身上，什麼話也聽不進去，所以我換了一種方式，改邀請孩子玩「愛情澄清卡」。透過愛情卡讓巧婷探索自己的擇偶條件，釐清自己在愛情中的價值觀，針對自己在愛情關係中重視的需求，進行「我想要」與「我不想要」的篩選，篩選出前十名特質後，再依據這十個特質進行分享，分析彼此的關聯性與內涵。

在挑出十張愛情澄清卡後，我發現巧婷的前三名都是對方經營愛情的模式，包含：「必須接納我」、「包容我」、「疼我及寵愛我」，接著是現實的條件：「長得帥」、「不可以太胖」，最後才是對方的個性與特質，我也跟巧婷一起討論過去戀愛的經驗，孩子表示自己在每一段感情中都是受傷的，戀情常常很快就告吹，有的甚至只交往幾個小時就結束了，因為她在愛情中常會忽略對方的內在特質與個性，只要對方對自己嘘寒問暖，呵護自己，就會想繼續跟對方在一起，就算對方是個渣男也無所謂。

孩子只是想要被愛的感覺

巧婷渴望被愛，需要有人隨時陪伴在身邊，這些跟她在原生家庭中缺乏被愛也有關係，原生家庭的疏離讓她感到非常孤單，而異性間的親密關係，正能填補這些內在的心理需求，進而帶來滿滿的安全感。

當我一提到家庭，巧婷就非常的抗拒，她不喜歡待在家裡，寧願整天在外面遊蕩或關在房間裡跟網友聊天，也不想面對家裡的人。在巧婷很小的時候，爸媽離異，她對爸媽的印象只有天天吵架的畫面而已，不管她做了什麼，爸爸都會認為她所做的都是錯的，這也讓她開始不斷懷疑自己是否重要？是否真的一無是處？

「我就是不喜歡這個家，也感受不到溫暖，沒有人真心的愛我，在這個家的我很孤獨。」

「妳很渴望一個親密的家庭。」

「嗯，我希望每個人都在一起，快快樂樂的。」

「是什麼原因讓妳會覺得沒有人真心的愛妳呢？」

「因為我根本沒有任何優點。」

「怎麼會？相信我，妳身上有很多優點呢。」

「沒有吧？」

「光是跟妳談話，我就發現妳是個很會覺察自己感受與想法的人，也是很會照顧別人的人。」

「這些也算是優點嗎？」

「當然是啊，而且當妳擁有自信的時候，笑起來很好看。」

「嗯，可是我覺得我的身材不夠好。」

「每個人都有每個人的亮點，妳還在發育期，如果有人只喜歡妳的外表，那代表對方也只是個膚淺的人而已，唯有妳先愛自己，別人才會真心的愛妳。」

先學會愛自己、與自己相處，別人才會來愛你。在巧婷的原生家庭中，缺乏人與人之間的親密與歸屬，於是孩子透過戀愛來滿足自己內心的需求，不斷向外尋找愛自己的人，卻忘記原來自己才是那位能給自己最多愛的人。我帶著巧婷想一想，能做些什麼來讓自己變得更好？我們不需要在戀愛關係中將對方視為全世界，相對的，應該要在關係中看見自己的亮點，變得更愛自己。

在諮商輔導的實務中，兩性議題的個案很多，孩子們進入青春期，對異性開始產生好奇，很多大人都會命令孩子不准談戀愛，但對孩子來說，需要有大人來告訴他們為什麼國中生不適合談戀愛？如果只是一味的限制，只會導致更多孩子偷偷談戀愛，在遇到兩性交往或相處上的問題時，更加的沉默，不敢求助，也不敢讓大人們知道，這會使我們無法及時地給予孩子協助，所以與其禁止，我會希望花更多時間去跟孩子們討論什麼是愛情？國中階段的戀愛會有哪些挑戰？大人們的擔憂是什麼？然後藉由兩性議題帶著孩子探索自我，認識自己與他人的差異性，學習兩性交往的正確觀念。

給家長的陪伴叮嚀

「我訊息」溝通模式：當我們與朋友或家人相處不愉快時，我們都會習慣以「你」做為開頭來表達心中的不滿，但這樣的表達方式只是在發洩情緒而已，難以進行有效的溝通，「我訊息」溝通模式則是將「你」的說話方式，改為「我」，以「我覺得」的句型開始，清楚描述自己真正的感覺，對事不對人，讓彼此之間建立更良好的互動關係。

陪伴孩子探索自己的擇偶條件：邀請孩子以「愛情澄清卡」探索自己的擇偶條件，釐清自己的愛情價值觀，針對自己在愛情關係中重視的需求，進行「我想要」與「我不想要」的篩選，篩選出前十名特質後，再依據這十個特質進行分享，分析彼此的關聯性。

教孩子先學會與自己相處：「你覺得你身上有哪些優點呢？」在愛情中必須先學會愛自己，與自己相處，別人才會來愛我們，我們不需要在戀愛關係中將對方視為全世界，相對的，要在戀愛關係中看見自己的亮點，更愛自己。

對身體好奇的青春期

親愛的爸爸媽媽，準備好跟孩子談性了嗎？

青春期正是對身體變化感到好奇的時期，
接觸到與性相關的資訊更無可避免。
和孩子討論身體或性方面的話題，
對很多家長來說頗具難度，
但卻是無法迴避的，
所以還請爸爸媽媽做好準備喔！

「喂，您好，請找專輔老師。」

「老師您好，向您報告一下，昨天二年一班的政南對一位學妹性騷擾。」

「我們這邊已經進行性平通報了。」

剛談完個案正走回辦公室時，學務處突然來了一通電話，學務主任簡單又快速地描述完整個事件，放空了五分鐘後，我也趕緊回過神來，找了輔導主任及其他專輔夥伴一起討論，準備後續的性平輔導與措施。

由於本次事件的加害人與被害人皆是本校學生，所以在學務處啟動了性平會議後，輔導室也必須針對雙方進行後續的輔導與追蹤，加害人另外須再接受八小時性別平等教育課程。

別忘了加害者也需要陪伴

「嗨，政南，你好。」我先向孩子打了招呼，他的身體僵硬，神情有點緊張，沒有回應，於是我繼續說話：「嗨，政南，你好，老師知道你發生了一些事情，面對這件事情，這麼多人來問你，你的壓力應該很大吧？老師也非常擔心你現在的心情，你願意跟我聊聊嗎？」我給了一個溫柔的微笑，繼續告訴他：「沒關係，你可以先讓自己放鬆一點，就算這件事是你的錯，但一定也影響了你的心情，你想說什麼就說什麼，不用有太多的顧慮，在這邊我們之間的談話都是保密的，除非有其他的保密例外出現。」

向孩子釋出善意，說明保密的原則與例外後，我嘗試與政南建立信任關係，大部分的加害人面對老師都會有所防備，可能是因為害怕被處罰、被責罵或是被教訓，因而抗拒談話，這也是犯罪者常有的心態，所以我必須讓孩子先願意打開心房談這件事。我們常常都會太習慣，也比較擅長陪伴被害人，但面對加害人，有了理解，我們才能在指責與批評外，對症下藥的協助加害人，加害人也是需要被陪伴的，他們也需要有人去聽聽他們怎麼了？理解為什麼他們會做出這種事。

「嗯，其實我爸媽昨天有來過學校了。」孩子的雙手不時搓揉著。

「爸爸和媽媽昨天來學校做了什麼事呢？」

「他們陪我一起向學妹的爸媽道歉。」

「他們很生氣，我也擔心他們會因為我上法院。」政南很後悔，也意識到事情的嚴重性。

「你很心疼，捨不得看到爸爸和媽媽為你這樣。」

「嗯。」

「老師發現你是一位貼心的孩子呢。」孩子默默地哭了起來。

「怎麼了？想到了什麼事嗎？」

「我擔心我會因此留下不良紀錄，我很後悔做那些事情，我願意負起責任，接受應有的懲罰。」

「嗯，這是一個很負責任的態度，這很不容易，老師先向你說明學校接下來的處理流程，以及你可能會遇到的狀況，然後我們再一起從這次的事件中學習，避免自己再犯，好嗎？」

「嗯。」

「所以是什麼原因讓你想去觸摸學妹呢？」

「因為我好奇。」政南有點尷尬又有點害羞。

專輔老師這樣做……

原來政南一開始會對學妹性騷擾，是因為對學妹有好感，希望可以追求對方，但又不知道怎麼去接近學妹，加上他最近會偷偷上網看十八禁的資訊，對男生為什麼會勃起感到好奇，為什麼男生會夢遺？大家的陰莖長度、大小有什麼差別？為什麼網路上都說女生的皮膚很嫩、很好摸？所以就連在跟男同學玩肢體遊戲時，也會想去觸碰對方的下半身或生殖器官。

「關於這些性好奇，網路上的資訊不一定都是正確的，有問題都可以直接詢問健康老師，如果不好意思的話，也可以以紙條的方式詢問老師。」青春期正是青少年對性充滿好奇的階段，我告訴政南會有這些好奇是正常的，也是被允許的，但他探索性的方式不能侵犯到別人，因為每個人都有「身體自主權」。身體自主權是每個人對自己身體管理的權利與能力，我們不能隨意去觸碰別人的身體，別人也不能隨意來碰觸我們的身體，不論是異性還是同性之間都是，被騷擾的受害者有可能會因此感到身心受挫，產生過大的壓力或恐懼。

幫助孩子認識何謂性騷擾

「就算只是碰觸女生的肩膀，如果對方感到不舒服，也是有可能會構成性騷擾的，跟男同學之間的玩耍也是。」

「可是他們都笑笑的，沒有拒絕我，我怎麼會知道他們不舒服？」

到底什麼樣的情況會構成性騷擾呢？一般來說我們會從被害人的主觀感受、一般的客觀標準以及事發情境三個角度來看。廣義來說，性騷擾就是指一切足以讓人產生不舒服性聯想的故意行為，且違背當事人的自由意願，性騷擾的認定為「被騷擾者的主觀感受」、「客觀合理標準」及「事發情境」，並非依「加害人有無性騷擾意圖」作為判斷，而常見的性騷擾類型包含言語騷擾、肢體騷擾、圖片騷擾及權力位階騷擾。

在性騷擾的當下，很多被害人會因為不敢或不好意思拒絕而選擇消極回應，可能是過於慌亂而逃避，導致很多性騷擾的加害人容易以為被害人是喜歡的，如果剛好被害人面對的是有權有勢的人，例如：長輩或老師，那可能就更會有所顧忌，擔心被暴力對待，或是搞不清楚這是不是性騷擾？

針對政南的性騷擾再犯預防，除了禁止他與學妹有再次獨處的機會外，也要減少與同性之間的肢體碰觸遊戲，我也帶著他一起檢視個人的性別成長經驗，培養更高的性別敏感度，在不確定自己的言語是否受到大家歡迎時，避免課堂間的黃色笑話，就算同學沒有當場制止，也不表示同學不會覺得不舒服。

準備好跟孩子談性了嗎？

政南平常跟爸媽感情不錯，也會互相分享學校裡發生的事，但孩子從來沒有跟爸媽談論過性議題，由於政南目前還是跟妹妹睡同一間房間，分上下鋪，所以我請導師先建議家長讓他和妹妹分房，建立孩子在兩性之間的身體界線概念。

孩子在成長的過程中會隨著發展想探索自己的身體，可能會透過碰觸或撫摸方式，獲得不同的感官刺激，很多家長在面對孩子的性好奇都會以「不知道什麼時候要教？」和「不知道怎麼教？」為由避而不談，其實性教育只要跟著孩子的成長階段狀態，引領孩子探索、了解即可，不需要嚴肅的一次性完成，在談論性之前，爸媽也必須先了解自己的性態度與性知識，保持彈性、開明的態度，因為性教育除了性愛外，還包含如何與異性相處？如何追求異性？如何保護自己與尊重他人？帶著孩子認識自己的身體部位，學習以正確的方式照護它，認識性別界線，探索自己的性別認知，對於不同性別的差異都應給予尊重，性教育最重要的不是給孩子多少專業的性知識，而是面對性的態度。

家長請冷靜聽孩子說

以政南偷看A片為例，媽媽發現孩子看完A片後，都會跟朋友在Line上傳十八禁訊息，例如：打手槍、射了、屌和自慰等，家長第一次發現孩子有這些對話時，都會顯得不知所措，尤其面對青少女更是如此，這時候家長務必先冷靜下來，思考怎麼跟孩子談話，因為當孩子知道被家長發現後，一定也會有很多的情緒或猜測：「爸媽會不會很生氣？」、「我是不是很髒？」、「爸媽會怎麼看我？」

面對這件事情，親子雙方可以先表達自己的情緒，家長可以直接向孩子坦承知悉的感受，例如：「覺得驚訝又擔心。」家長也可以回應孩子的情緒：「我知道你可能也會很擔心、害怕，不知道該怎麼面對我們，甚至覺得尷尬。」

第二，邀請孩子談話而非指責。家長可以直接告訴孩子這件事情的重要性：「有點不知道該怎麼談這件事，但這件事很重要，還是想邀請你聊聊。」比起指責，我們更想聽聽孩子的想法。

第三，以提問方式了解背後的動機。「是因為你對性感到好奇嗎？」了解孩子的這些行為是因為對性好奇、想吸引女生注意，還是為了跟同儕之間有更多的話題？

最後，告知危險性，當孩子沒有適當的拿捏對話時，可能就會不小心涉入人身攻擊，或是被惡意的截圖，引發後續問題，而且如果在兩性交往上一味的聚焦性及外表，也會忽略彼此的內在吸引力，進而影響兩人的戀愛關係。

給家長的陪伴叮嚀

教導孩子「身體自主權」：孩子會有這些性好奇都是正常的，也是被允許的，但每個人都有捍衛自己身體的「身體自主權」。身體自主權是每個人對自己身體管理的權利與能力，我們不能隨意觸碰別人的身體，別人也不能隨意碰觸我們的身體，不論是異性還是同性之間都是。

與孩子談性議題的準備：性教育只要跟著孩子的成長階段狀態，引領孩子探索、了解即可，不需要嚴肅的一次性完成，在談論性之前，爸媽也必須先了解自己的性態度與性知識，保持彈性、開明的態度，性教育最重要的不是給孩子多少專業的性知識，而是面對性的態度。

處理孩子的十八禁訊息：家長可以直接向孩子坦承知悉後的感受，也可以回應孩子的情緒，邀請孩子談話而非指責，以提問方式了解孩子背後的動機，告知孩子可能的危險性，當孩子沒有適當的拿捏對話時，可能就會不小心涉入人身攻擊，或被惡意的截圖引發後續問題。

孩子偷嘗禁果了

用尊重的態度，先聽聽孩子怎麼說

當父母愈了解孩子，
孩子接觸性行為的比例就愈低，
面對性議題，與其一直避而不談，
不如好好引導孩子說出心裡的想法與感受。
也可以利用新聞時事，
和孩子討論，並提供孩子正確的觀念。

「老師，拜託啦，可以不要跟我爸媽說嗎？」

「我真的不是故意的，我保證不會有下一次了。」

一早八點多，導師匆匆忙忙跑來輔導室，把我拉到角落，緊張地跟我說班上的美珍與男友發生性關係，我趕緊協助導師確認此事後，依照相關規定進行通報。

美珍在得知學校要通報後，情緒非常激動，不斷地拜託我不要把這件事情告訴爸媽，但孩子在跟我的第一次談話時就知道「保密例外原則」，如果談話中有涉及危險性或法律相關規定時，校方就會有依法通報的責任。

「為什麼一定要讓我爸媽知道？」美珍的情緒非常激動，整個人躺在諮商室地板上，不斷哭泣，擔心爸媽知道後會大發雷霆，擔心接下來要面對的法律問題，也擔心男友會因為這件事而責怪自己。

「老師知道妳現在的心情很亂。」在我話還沒說完時，她就突然地衝出諮商室，躲進了女廁，將自己反鎖在廁所中。「老師，我現在想先自己一個人靜一靜，好嗎？如果真的要讓我爸媽知道，可以讓我自己先開口嗎？」

「好，我會跟導師及社工說，先讓妳向爸媽提這件事。」

「美珍，通報的用意不是要懲罰妳，是為了要保護妳。」我再次說明校方通報的目的與意義。

專輔老師這樣做……

關於未成年性行為一事，學校依法進行通報後，就會有相關的社工人員進入，社工人員會先聯繫校方了解狀況，再與孩子進行會談，用尊重的態度，傾聽孩子怎麼說。

但由於美珍未滿十六歲，所以只要是與她發生性行為的行為人都會觸法，假如發生性行為的對象已滿十八歲，就會是非告訴乃論，屬公訴罪；如果對方未滿十八歲就會是告訴乃論，得以減輕或免除其刑，即為所謂的「兩小無猜條款」，但由於未成年的孩子身心尚在發展中，對於性也尚無能力做出一個成熟又理智的判斷，所以就算孩子是自願的，在法律上也都會被視為受害者。

在理解通報的用意後，美珍的情緒稍微緩和下來，但還是非常抗拒，於是我帶著她一起討論如何向爸媽開口，並說明通報之後會需要面對哪些人？哪些事？社工的角色是什麼？我告訴孩子，這些我都會陪著她一起面對。

「妳目前打算怎麼開口跟爸媽說呢？」、「我們來想想看爸媽聽到後會有哪些反應？」、「這些反應背後的情緒是什麼？」、「爸媽為什麼會出現這些情緒？」、「妳在害怕什麼？」

「我害怕他們知道後會很生氣」、「我怕他們會去打我男友」、「我怕他們會覺得我很髒」、「我怕他們逼我們分手」……透過很多提問，我跟美珍討論了各種可能性，模擬了各種版本，我答應孩子在轉達時也會讓爸媽知道她的擔心跟害怕，這時孩子的情緒才逐漸安定下來。

家庭的關係是關鍵

「所以他們會生氣是因為在乎我嗎？」美珍很不認同這句話，她從小就是鑰匙兒童，爸媽平常早出晚歸，跟她也沒有太多對話或交集，頂多就是：「明天早餐錢」、「在外面不要給我惹事」等，於是孩子漸漸把心思都放在網路上，結交網路朋友，跟網友談心、聊天，就算只是認識一天的網友，也會將對方視為自己最重要的人，與對方互稱「老公」、「老婆」。

「那妳知道對方幾歲嗎？」、「讀哪個學校？」、「家裡有誰？」美珍對於這些最基本的問題一個都回答不出來，卻能斬釘截鐵地跟我說：「但他真的是全世界最懂我、最愛我的人。」

美珍因為寂寞感轉而向網路尋求溫暖，隨著現代網路交友的便利性，青少年發生性行為的年齡也逐漸下降。根據衛生福利部國民健康署一〇七年度「國中學生健康行為調查報告」統計，國中生曾經發生過性行為者占百分之一點六，第一次接觸色情媒體的年齡以十二到十三歲為第二高，約占百分之十七點七。許多研究也指出當家庭氣氛較為溫暖、親子間的溝通較為順暢，父母能提供較多的支持者，其青少年過早發生性行為的比例較低。所以家庭的情感也是影響孩子是否會過早發生性行為的關鍵之一，良好的親子溝通能促進家庭的親密感，使孩子融入家庭，更願意與父母討論性議題，避免接收錯誤的性知識。

父母的身教、言教都會潛移默化影響孩子對性的態度，對孩子適當的監督也是必須的，但不要過於嚴厲或過於放縱，家長必須掌握孩子的行蹤及交友狀況，避免孩子從事危險活動，家長可透過平常的談心時間多與孩子們聊聊，讓孩子感受到關愛，在假日期間安排家庭聚會活動，增加與孩子相處的機會，增進家庭各成員間的連結。當父母愈了解孩子，孩子接觸性行為的比例就愈低，面對性議題，與其一直避而不談，不如好好引導孩子說出心裡的想法與感受。

與孩子一起討論性知識

「這是我的私密照」、「約炮」、「打手槍」，孩子們在網路上充滿露骨的對話，手遊、社群媒體、交友軟體和直播平台充斥著各種性訊息，色情書刊或色情影片更是唾手可得，如果沒有一個適當的管道來認識性，孩子就會透過錯誤的管道來索取相關資訊，同儕之間錯誤的性觀念也會影響孩子對性的態度，加上台灣的性教育偏於保守，孩子們往往只能從這些管道獲得已被誤導或扭曲的性知識。

父母在跟孩子談性議題之前，可以先問問自己對性的態度與想法，聆聽孩子們對性的好奇與感受，利用社會新聞或電影來跟孩子們討論，鼓勵孩子說出自己的想法。

「你覺得性行為是什麼？」

「性對你的意義是什麼？」

「最近新聞上好多小媽媽，你怎麼看？」

「如果是你，你會跟他一樣這樣做嗎？」

「如果身邊有朋友這樣，你會怎麼幫他？」帶孩子用不同的角度去思考，讓孩子知道青少年的性行為除了要面臨法律、懷孕及性病的問題，最重要的是兩人的感情也一定會受到影響，更何況還要面對學業、生涯以及外在的輿論壓力等。

釐清性與愛情的迷思

很多孩子也會有對性的迷思或疑問：「為什麼大人可以性愛，我們卻不行？」、「性愛感覺很浪漫」、「兩人的關係到什麼階段才可以發生性關係？」、「婚前可不可以性行為？」

「愛我就要給我」，這是很多孩子偷嘗禁果的迷思之一，美珍一開始也是為了證明對男友的愛與忠誠，在半推半就下獻出了自己的第一次，儘管有許多猶豫，但為了不讓男友質疑自己對他的愛，還是選擇接受了男友的性邀請，加上偶像劇中的男女主角，總是會以接吻或上床來表示愛意，這讓她也認為談戀愛就是要有性，性象徵著偶像劇中的羅曼蒂克。

「性不等於愛，愛一個人有很多方式，不一定要發生性行為。」我告訴美珍當對方一心只有性的時候，這表示對方根本不在乎自己的感覺，只想得到生理上的滿足。證明愛的方式也不只有性而已，真正的愛情是會讓人有親密感，同時又舒服自在的，在兩性關係中要了解自己的感受，建立適當的身體界線，勇敢說「不」，守護自己的身體自主權，在交往的過程中也應該慎選約會的時間與地點，避免與對方單獨在密閉的場合，不使用藥物或酒精，也不玩身體接觸的遊戲，在戀愛關係中訂立一個雙方能互相尊重的身體親密界線。

「如果對方真的愛自己，就會懂得尊重我們，不會因為妳不給他就不愛妳。」同時，我也讓美珍知道A片充滿粗暴的行為是不符合現實的，A片是一個商品，是由劇本跟演員一起產出的，在兩性交往中如果不懂得尊重對方，傾聽自己的聲音，很容易就會對彼此造成傷害或觸犯法律，所以在這充滿性資訊的網路世代下，傳遞正確的性教育非常重要。

給家長的陪伴叮嚀

向孩子說明通報的目的：當晤談中有涉及危險性或法律相關規定時，校方就會有依法通報的責任，通報的目的不是要懲罰孩子，是為了保護孩子，由於未成年孩子身心尚在發展中，對於性尚無能力做出一個成熟又理智的判斷，所以就算孩子是自願的，在法律上也都會被視為受害者。

以開放的心與孩子討論性：父母在跟孩子談性議題之前，可以先問問自己對性的態度與想法，再去聆聽孩子們對性的好奇與感受，可透過社會新聞或電影來跟孩子討論，鼓勵孩子說出內心的想法，「你覺得性行為是什麼？」、「最近新聞上好多小媽媽，你怎麼看？」帶孩子用不同的角度進行思考。

釐清性的迷思：「愛我就要給我」是很多孩子偷嘗禁果的迷思之一，愛一個人有很多方式，不一定要發生性行為，如果對方一心只有性，這表示對方根本不在乎自己的感覺。證明愛的方式也不只有性而已，真正的愛情是會讓人有親密感，同時又舒服自在的。

Chapter 04

人際關係的煩惱

進入成人社會前，
孩子生命裡的重要一課

青少年的人際議題，不單單只有霸凌，
友情的微妙改變，
也都在無形中牽動著孩子的價值觀，
這個時期，若能擁有堅固的友情，
不只能為這段青澀的時光帶來快樂，
更是將來步入社會的基礎。

孤單的孩子渴望愛

陪伴，每個人都需要

陪伴，是孩子成長過程中最需要的。
但對現代的家庭來說，
陪伴常常是奢侈的，忙碌的父母、隔代的家庭，
孩子得不到來自原生家庭的溫暖，
只好在其他人際關係裡找尋。
其實，陪伴真的不難，每個人都做得到。

「老蘇啊，拍謝啦。」

「阮這孫女攏無愛讀冊。」

「我也毋知欲按怎？」

蕾悅的阿嬤一早到輔導室，有點尷尬又有點不好意思，因為孩子今天又無法到校上課了，阿嬤不知道該怎麼辦才好，只好跑來求助於老師。

孩子國小時就時常輟學，爸爸和媽媽因長期在外地工作，無法經常陪伴孩子。她是家中的獨生女，平常與阿嬤一起生活，但因為阿嬤平日也要幫忙顧店，所以對孫女的管教也是力不從心，只要是孫女提出來的要求，例如：零食、衣服或手機等，阿嬤都會盡量的滿足她，因為這是阿嬤疼愛蕾悅的一種方式。

不知道如何和同學相處

「老師發現妳常請病假在家，在家裡都在做些什麼呢？」

「沒做什麼啊。」

「同學們在學校，妳自己待在家不會無聊嗎？」

「不會啊，我蠻喜歡待在家的。」

「喔，喜歡在家做什麼呢？」

「玩手機啊，有時候會看劇、玩遊戲。」

「那妳也有玩極速領域嗎？」

「有耶，老師妳玩到第幾級了？」蕾悅興奮回應了這個話題。

在跟孩子的第一次談話中，我刻意避開直接談曠課、遲到、請假等問題，而是以一份好奇的心來認識孩子，了解她的興趣及生活作息。她平常在家的時間都是在打手遊，但深入了解後我才知道，蕾悅打手遊的目的並不在遊戲本身，而是在遊戲中的聊天室，蕾悅喜歡在聊天室裡與認識及不認識的網友們聊天，而且經常一聊就是一整晚。

「妳都不會跟家人聊天嗎？」

「不會。」

「怎麼說呢？」

「沒人跟我聊啊，阿嬤又聽不懂。」

「那妳都跟網友聊些什麼呢？」

「就一些生活瑣事，聊學校的誰誰誰怎樣。」

「嗯。」

「我在家裡很孤單、很可憐，只有手機能陪伴我。」蕾悅突然停頓了下來。

「嗯？」

「其實我不來學校不是因為網路成癮，是因為我們班。」

「你們班？」

「嗯，對啊，我真的不知道該怎麼跟他們相處。」

專輔老師這樣做……

剛開學時，蕾悅覺得大家都對自己很好，也交到一、兩位好朋友，但後來感覺大家開始對自己充滿敵意，因為班上有一位學霸到處指責蕾悅，說她把班上的平均成績拉低，害全班被罰寫。另外班上也會有一些女同學一直盧蕾悅，叫她幫忙網購包包和衣服，女同學表示因為帳號被鎖無法購買，所以才拜託她幫忙訂購，儘管心裡是百般的不願意，但因為不曉得怎麼拒絕，所以還是默默地完成這些要求，「然後班上還一堆人有公主病，利用我家有錢，不斷地要求我買零食和飲料來學校給大家吃。」

針對這些個別事件，我先教導蕾悅以適當的方式拒絕同學，如果真的不好意思拒絕，也可以把家人作為擋箭牌，像是：「我的零用錢被沒收了」、「我媽不准我網購」等，如果同學有進一步的威脅行為，就一定要請導師介入處理。

跟蕾悅的晤談結束後，我詢問了導師對孩子的觀察，這才發現事情並非如孩子所說得這麼單純。導師表示蕾悅其實是自己想要買包包送給同學，而且會不斷地主動請客，導師一開始也很納悶為什麼蕾悅要做這些事？後來才發現是想利用這種方式來指使同學幫她跑腿、寫作業或抄聯絡簿等，而同學們為了這些物質享受，也甘願作她的小僕人。當導師生氣地質問為什麼要叫同學幫自己寫作業時，蕾悅卻只會呈現一副很無辜的樣子，不停地怪罪別人，甚至直接逃避不來上學。

讓孩子畫下人際樹狀圖

掌握住這些矛盾訊息後，我並沒有戳破孩子，反而是繼續鼓勵她分享自己想分享的話題。這天蕾悅一進諮商室就畫了一張班級的人際樹狀圖，說著這禮拜班上發生的人際事件。「老師，最近我跟一位同學的互動變多，但她的控制慾超強，都不准我跟別人好，後來我發現她根本是別有目的，想跟我借最新的iPhone手機，我不借她還會被她罵得很難聽。」接著，又重畫了一張人際樹狀圖，繼續說著：「我覺得原本跟我比較好的那位同學是在忌妒我，因為某一天我跟別班朋友去圖書館，問那位同學要不要一起去？她說好，結果在背後說是被我逼的，甚至還在霸凌調查單上寫『被霸凌』，害老師在全班調查這件事情，還有我昨天把自己的Line帳號給同學，居然被其他同學拿去盜用，還被栽贓是我在Line上面罵別人『智障』，超扯。」

說著說著，蕾悅突然哭了起來，「為什麼有這麼多事情？為什麼大家都一直誤會我？」

「蕾悅，妳說的『大家』是誰？」

「我也不知道，但我覺得好多人都把我當備胎，都覬覦我家有錢。」

「嗯。」

「我覺得我很委屈，必須一直跟朋友解釋，我好累。」

「嗯，這樣的狀態讓妳覺得很累。」

「對。」孩子繼續啜泣著。

「那我們先暫停解釋吧，讓自己休息一下，看看怎麼做比較好，好嗎？」蕾悅點點頭。

「老師，我很不想去在意那些煩人的事情，也不想心情不快樂，但為什麼一定要強求跟誰好，跟誰不好呢？」

「嗯，那我們把焦點先放回自己身上吧，老師發現妳在描述這些事情時，都很少提到自己？」

提醒孩子看看自己

我開始把焦點放回蕾悅身上，重新帶著孩子去思考自己在這些事件中的感受及想法。「當妳給同學自己的 Line 帳號時，妳期待著什麼？」、「當妳邀約那位同學去圖書館時，妳希望得到什麼回應呢？」、「當妳向別人分享自己有最新的 iPhone 手機時，內心又在期盼著什麼？」

就這樣，透過不斷的反思、摘要與回饋，蕾悅在這些人際事件中，漸漸發現自己對人際需求的高度渴望，因為害怕失敗，所以只要一有被拒絕的感受，就會先否定對方，認定對方是有目的跟企圖才接近自己的，同時也會不自覺地將這些人際上的失敗合理化為：「因為大家都是覬覦我家有錢才接近我，所以我無法維繫一段好的友情是正常的。」

在原生家庭中，蕾悅最親密的人就是阿嬤，但只要我一提到阿嬤，孩子就會覺得很煩躁，她不喜歡阿嬤每天都在抱怨，抱怨生活、抱怨爸媽，抱怨這個家，不管她做了什麼事，阿嬤都會不停地抱怨、碎念，儘管阿嬤會滿足她的物質需求，但她還是希望能搬去跟媽媽住。蕾悅也知道媽媽因為工作的關係，無法同時兼顧工作與自己，有時候連電話都沒時間接聽，所以只好被動地等待媽媽回來看自己，也因為這樣，蕾悅在原生家庭中很需要被陪伴，歸屬感低落，人際關係需求高，同時又因為缺乏良好的人際社交技巧，遇到問題總是習慣逃避，認定是別人的錯，導致人際關係每況愈下，進而影響到校意願。

陪伴的功能超過你的想像

透過一個學期的固定晤談後，蕾悅的出席率逐漸穩定下來，身體也不再有任何病痛出現，導師很好奇地跑來問我對蕾悅做了什麼？我告訴導師我沒有特別做些什麼，只是在每次的晤談時間，讓蕾悅畫一張人際樹狀圖，分享著這禮拜班上發生的大小事，然後在這些事件中陪伴蕾悅找出自己的想法與感受，看見自己的人際定位，討論解決的方法，同時為蕾悅賦能，提高蕾悅的自我價值感，以一個「不知情立場」邀請蕾悅用自己的語言描述自己的生命經驗與生活，積極地擔任一個好聽眾，以開放的心傾聽蕾悅，再透過不斷地提問、外化與解構，引導蕾悅進行自我探索，看見自己的閃亮時刻並重寫自己的人際故事。

如果真的要說，這就是一種陪伴吧，我無法治癒蕾悅生理上的病痛、無法限制蕾悅玩手遊，也無法命令蕾悅不准中輟，但我可以營造一個舒適的空間，讓孩子盡情地分享、表達，不論是情緒或想法都好。在這個空間裡沒有批評，也沒有指責，只有「陪伴」，陪伴蕾悅面對每一個困難，陪伴蕾悅討論問題的解決之道，陪伴蕾悅尋找人生的目標與方向，分享生活中開心與不開心之事，在這些陪伴中有傾聽、有同理、有理解，也有接納，就如同個人中心治療大師羅傑斯（Rogers）所提出的概念：「明顯而正向的人格改變只會發生在關係之中」。

陪伴，本身就充滿愛與療癒，長時間的陪伴也能帶來力量和改變，陪伴，這件事我們每個人都需要，也都做得到。

給家長的陪伴叮嚀

利用人際樹狀圖討論人際關係：在每次的晤談時間，我都會讓孩子畫一張人際樹狀圖，分享著這禮拜班上發生的大小事，然後在這些事件中陪伴孩子找出自己的想法與感受，看見自己的人際定位，再透過不斷地提問、外化與解構，引導孩子進行自我探索，看見自己的閃亮時刻並重寫自己的人際故事。

陪伴的功能超過你的想像：我們可以營造一個舒適的空間，讓孩子盡情地分享、表達，不論是情緒或想法都好，在這個空間裡沒有批評，也沒有指責，只有「陪伴」，陪伴孩子面對每一個困難，陪伴孩子討論問題的解決之道，陪伴孩子尋找人生的目標與方向，分享生活中開心與不開心之事，陪伴本身就充滿愛與療癒，長時間的陪伴也能帶來力量和改變，陪伴這件事我們每個人都需要，也都做得到。

當孩子身邊沒有朋友

有良好的人際關係，孩子才能獲得支持與認同

當孩子說在學校沒有朋友時，
請多多了解原因，並且觀察社交技巧，
因為這個時期的同儕情誼，
不只是這段成長過程中的支持，
也是步入成年社會的重要基礎。

「老師，我都沒朋友。」

「我可以每節下課都來找妳嗎？」

「大家好像都不喜歡我。」

每節的下課鐘聲一響，嘉柔就會準時到輔導室報到，她因為人際議題被導師轉介到輔導室，導師發現孩子在班上有交友困難，儘管和嘉柔及嘉柔的阿嬤談過很多次，但還是都無法改善。

就在某次我與她談話結束，正獨自走回辦公室的路上時，遇見嘉柔班的其他同學，同學們一提到她就不停地抱怨，你一句我一句的，同學們認為導師不公平，明明都是她的問題，為什麼要怪其他人不跟她交朋友，還逼其他人主動去跟她說話，甚至是找她一起玩。

「嘉柔平常在班上都是自己一個人嗎？」、「班上有沒有其他還不錯的朋友？」、「同學對她的接納度如何呢？」人際議題一直是青少年輔導中最常見的議題之一，在這個階段中青少年對同儕的依賴度非常高，孩子會藉由同儕關係在團體中找到隸屬、認同與地位，良好的同儕關係能增進孩子的社會能力發展，在遭遇到問題時能獲得協助並得到情緒上的支持，是有利於孩子未來更順利進入成人社會的。

發覺孩子被排斥的原因

到底為什麼有些孩子的人際關係會不好呢？相信很多人都會有這個疑問，人際問題絕對不是單一因素所造成的，在我的實務工作經驗中，大致可將人際問題因素分為三大類。

第一類為「個人特質」，與孩子本身的性格特質有關，有些孩子天性害羞，不敢與人親近，有些孩子個性火爆，經常口出惡言、與人衝突，有些孩子則比較自我，容易成了大家眼中的白目王。

第二類為「生活管理」，缺乏良好的生活常規，像是亂丟垃圾、衛生習慣不佳、借東西不還等，或是經常性的遲到、缺交作業，這些行為累積起來都有可能引起同學們的負面觀感。

第三類為「社交技巧」，缺乏正確的社會互動技巧，不知道怎麼跟人溝通？不知道怎麼解決人際衝突？怎麼表達自己的感受與想法？

面對這些被拒絕的孩子，我們一定都要先蒐集資料，藉由觀察來找出孩子的問題所在，有機會的話也可以直接跟孩子互動來發現其問題根源。

「老師，妳在幹嘛啊？」

嘉柔盯著我的電腦螢幕，好奇電腦上的所有資料，但她的這些舉動經常會把我嚇到，因為她也常常沒有經過我的同意就直接拿起我的手機、筆記本，或是在走廊上直接牽起我的手，把我擠到牆角邊說著班上同學的各種小祕密。

她的內心是想要與人親密、親近的，但同學們無法接受這種熱情，對同學而言，這些舉動會讓人感到厭惡，因為同學會認為她就是個愛說別人祕密的八卦王、愛向老師打小報告的爪耙仔，以及愛偷看別人隱私的偷窺王。

「嘉柔，妳要拿老師的筆之前，應該要先問過老師吧？」

「喔，老師，我等一下要考試，妳可以借我筆跟擦子嗎？」

過了一天，「嘉柔，昨天借給妳的筆跟擦子呢？」

「啊？老師，我忘了帶，明天還妳。」

過了一週，「嘉柔，上禮拜借給妳的筆跟擦子呢？」

「啊？我又忘了，我明天一定還。」

好幾天後她還是忘記帶筆和擦子，於是我有點嚴肅地問：「妳是不是也會像這樣常常跟同學借東西不還呢？」說完後，她終於在隔天歸還筆了，但筆蓋跟擦子都不見了，可能是因為害怕被我責備，她把筆丟在桌上後就轉身離開，沒有任何的說明或道歉。

在跟嘉柔的互動中，我發現了好幾個會導致她人際關係變差的原因，包含人與人的界線拿捏、打小報告、愛說八卦、經常忘東忘西、借東西不還，以及把別人的東西搞丟等，這些都是我可以跟孩子去深入討論的人際問題。

專輔老師這樣做……

在增進孩子的人際交友技巧之前，我都會先告訴孩子：「不會交朋友是正常的。」因為交友技巧本來就是需要學習，沒有人天生就懂得如何交朋友。

依孩子特質認識人際界線

以嘉柔為例，首先人與人之間的界線問題，我必須先讓她認識「人際界線」。人際界線指的就是每個人都會有一個專屬的「人際距離」，我們必須先找到自己最舒服且擁有安全感的人際距離，然後允許別人可以靠自己多近或多遠，人際界線是影響我們人際關係好壞的重要關鍵。

帶著孩子看看自己的人際界線類型後，我發現她的人際界線比較偏向於依附類型。有些孩子可能是因為成長過程中有不被重視的經驗，所以渴望被看見、被關注，希望能得到別人的喜愛與認同，因而放棄自己的界線，依附在他人身上，在找出孩子的人際界線類型後，就可以對症下藥地協助孩子擁有自己的獨立界線，同時享受界線的重疊，發展出健康的人際關係。

第二，愛打小報告與愛講八卦，這是許多青少年最反感的行為，但偏偏很多孩子都會做出這類行為，孩子們愛打小報告的原因有很多，有些孩子是為了得到師長的認同，藉此討好老師，在老師面前表現自己以得到鼓勵，為自己貼上一個好孩子的形象，有些孩子則是希望同學可以改進，想藉由老師去協助同學改善不好的習慣或行為，這時候我們可以先肯定孩子有良善的動機，然後鼓勵孩子以尊重的態度直接向同學表達自己的關心，藉此促進孩子與同學之間的人際互動。

除了這二項偏個人特質的類別外，嘉柔也有「生活管理」上的問題需要改進。

協助孩子建立生活常規

第三，忘東忘西與借東西不還，這類的問題就必須從孩子的自我管理方面下手，有些孩子就是記憶力差，明明上一秒交代的事情，下一秒就可以忘得一乾二淨，記憶力通常跟專注力有關，我們可以透過一些訓練專注力的活動，像是禪繞畫（Zentangle），讓孩子提升專注力，除了專注力外，也可以協助孩子建立良好的生活習慣，例如：準備一本日計劃行事曆，可與聯絡簿合併或分開使用，將每天必須做的事情以及必須帶的東西寫上去，在每天固定的時間定期檢查，打勾確認。

最後，針對嘉柔常常弄丟別人東西的問題，除了建立良好的生活常規外，也要訓練收納及管理能力，我們可以設置一個區域或位置，讓她把物品集中管理，減少翻找的時間，同時也可以準備便條紙或白板提醒，在上學前再次的檢查，當孩子真的把同學的東西弄不見時，也要鼓勵孩子勇敢面對，真誠地向同學說明並道歉，如果不敢開口，也可以利用卡片或紙條的方式代替。

學習最適合的社交技巧

找出孩子人際問題，教導正確的人際互動技巧後，我們也需要特別留意某些孩子會因為人際挫敗而變得更退縮，選擇以逃避的方式來避開人際互動。

針對下課時間常常跑來輔導室的嘉柔，在接住她的焦慮、給予她一個喘息的空間後，我會鼓勵她回到班上去，因為在人際關係中曝光率也是相當重要的，友誼的建立就跟愛情一樣，經常出現在大家面前能增加其好感度，想要擁有良好的人際關係，第一個要件就是要增加自己的曝光率，不知道怎麼跟同學聊天也沒關係，但至少要讓同學們在下課時間熟悉自己的存在，讓自己隨時掌握同學們的最新話題。

人際社交技巧的基本態度包含「真誠」，以誠懇的態度與人相處、學習尊重他人、傾聽他人、關心他人，欣賞自己與同學的優點，並適時給予讚美。人際社交技巧沒有最好的方法，只有適不適合這個孩子的方法，藉由平常與孩子的互動去發現孩子的人際問題，並且透過示範來教導正確的人際社交策略。

給家長的陪伴叮嚀

人際議題三大因素：第一類為「個人特質」，與孩子本身的性格特質有關，第二類為「生活管理」，缺乏良好的生活常規，像是亂丟垃圾、衛生習慣不佳、借東西不還等等，第三類為「社交技巧」，缺乏正確的社會互動技巧，不知道怎麼與人溝通？不知道怎麼解決人際衝突？

帶孩子認識自己的人際界線：人際界線會影響人際關係的好壞，指的是每個人都會有一個專屬的「人際距離」，我們必須先找到自己最舒服且擁有安全感的人際距離，然後允許別人可以靠自己多近或多遠，建立自己獨立的人際界線，同時享有人際界線的重疊，發展出健康的人際關係。

社交技巧的學習：在人際關係中曝光率也是相當重要的，友誼的建立就跟愛情一樣，經常出現在大家面前能增加其好感度，人際社交技巧的基本態度也包含「真誠」，以誠懇的態度與人相處、學習尊重他人、傾聽他人、關心他人，欣賞自己與同學的優點，並適時給予讚美。

面對霸凌，我們還要知道的

霸凌者與被霸凌者的一線之隔

除了家庭，
孩子們待最久的地方就是學校，
朝夕相處的導師，對孩子們來說也是一個重要的存在，
而且良好的師生關係，
也是孩子能否健康成長的重要關鍵之一。

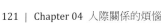

「怎麼辦？文志現在很害怕上學。」

「昨天晚上茜茜在網路上被文志嗆。」

「茜茜一直堅持要告文志。」

導師焦慮地跑到輔導室描述霸凌事件的整個過程，但根據導師平常對文志的觀察，文志的個性並不壞，只是講話愛嗆又白目，經過詳細地調查，導師也發現文志是因為在臉書上看到網友嗆茜茜是「大姐頭」，覺得好玩後就複製「大姐頭」在班群上，並加上「很秋」、「很厲害」等字眼，文志沒想到事情會變得這麼嚴重，現在很擔心、也很害怕會被告上法院。

受害者的反擊型霸凌

「他憑什麼這樣罵我，我就是要告死他。」茜茜憤怒地說著。不同於以往的被霸凌者樣貌，她有股強烈的憤怒感，並表示自己握有相當足夠的證據，絕對可以告死文志，但兩人之前並沒有任何的交集或私人恩怨。茜茜的母親到校了解後，也希望能再給文志一次機會，因為這是單一事件，且文志有很深的歉意，但茜茜就是不願意接受。

「我不要，我就是要告死他，我已經有人證、物證了。」

「茜茜，老師發現妳有一股很想報復的心態？」

「對。」

「妳希望告他之後能得到什麼結果嗎？」

茜茜想了一下說：「讓他怕。」

「讓他怕？」我進一步釐清茜茜想讓他怕的目的。

「因為我覺得他不是真心誠意道歉的，我覺得他是因為怕被告才向我道歉的。」

「除了告他，還有沒有其他做法也可以達成這個目的呢？」

「沒收他最愛的球衣，然後把他的道歉放在臉書上公審。」

「但這樣的行為已經超乎事件的本身。」

進一步了解之後，我才發現原來茜茜不想放過文志，是因為國小也有被霸凌的經驗，但當時沒有勇氣說出來，身邊也沒有任何大人可以依賴，所以將文志一起視為那些過去的霸凌者，想以這種具有報復性、侵略性的方式來保護自己。

專輔老師這樣做……

校園霸凌事件發生的比率很高，根據兒童福利聯盟調查，二〇一八年台灣兒少中就有近七成的孩子曾有接觸校園霸凌經驗，其中旁觀者占百分之六十四點七，被霸凌者占百分之十七點一，霸凌他人者占百分之九點二，曾霸凌人也被霸凌者占百分之九，近半的孩子在發生霸凌事件時會選擇不告訴家長，因為怕爸媽擔心、怕事情愈處理愈糟，以及怕爸媽跟老師或同學發生衝突。

學習面對困難的能力

為了避免被霸凌者日後也可能變成霸凌者，用一種報復的心態來修補自己的創傷，反而成為欺負

他人的小霸王，我們必須重視被霸凌者的傷痕，讓孩子知道我們是願意傾聽的，當孩子有需要的時候隨時可以找我們，教導孩子如何正確對抗霸凌行為，發展出自己的能量來拒絕霸凌者。「你最不喜歡同學對你做些什麼？」、「當他們這麼做的時候，你會怎麼回應？哪些做法是適當有效的？」、「還有沒有其他作法呢？」

讓孩子擁有面對困難的能力，找出自己生存的模式，並增進孩子的社交技巧能力，面對他人的挑釁時，可以把對方的情緒與自己分開，必要的時候離開現場，不接收霸凌者的情緒垃圾，以降低霸凌者的期望感，從生活中學習肯定自己，接納自己的優缺點，以提升自我價值感，在這次的事件中我也回饋了茜茜，能夠在第一時間求助並清楚表達自己的感受與想法，這是一項很珍貴的能力，證明了她已有足夠的能力去保護自己。

在晤談的最後，我也帶著茜茜一起回顧本次事件，讓孩子去思考「道歉」這件事。同樣是道歉的行為，每個人的解讀也會不一樣，導師可能會認為文志的道歉是因為知道錯了，所以道歉。文志會認為自己的道歉是想表達後悔與彌補，所以道歉。然而茜茜卻認為文志的道歉是因為害怕被告，逼不得已，所以最後我邀請了兩人面對面會談，讓茜茜有機會去聽聽文志想怎麼表達自己的「道歉」。

犯錯後的學習更重要

「我看到有網友說妳是大姐頭，覺得好玩，就跟著起鬨，對不起。」文志站起來向茜茜鞠躬道歉，並說出了自己的白目，茜茜面對文志這突如其來的舉動也有點嚇到，但還是有一點點的為難，猶豫地說：「可是，我的朋友叫我不能放過你。」兩人陷入了尷尬的沉默。

「文志，茜茜看到那些文字會很受傷，不能因為好玩就隨便嗆人。」

「茜茜，文志很誠心誠意的道歉，是真的希望可以彌補錯誤。」

我帶著兩人一同感同身受，感受對方的感受，文志一開始沒有認知到這樣的行為會帶給別人傷害，所以願意道歉、彌補。茜茜的目的也只是希望能看到文志真誠地道歉並不再犯，於是我告訴兩位：「知錯能改是件很不容易的事，每個人都會犯錯，最重要的是在犯錯後的學習與進步，希望茜茜可以再給文志一次機會。」

霸凌者的情緒也很重要

在兩人的會談後，我也找了文志單獨談話，我也很在乎他的心情，因為茜茜前幾天還是有把文志私訊的道歉文公布在班群中，並標註「王八蛋」，因為文志是霸凌事件中的加害者，不敢有任何的反抗聲音，但他面對公審這件事是感到焦慮、擔憂的，甚至還會作惡夢，害怕茜茜會反悔告自己。

「文志，這件事情也已經處理到一個段落了，那些你擔心、害怕的事都不會發生，但你以後一定都要三思而後行，避免同樣的事件再次發生。」

有些霸凌受害者就像茜茜一樣，認為強力的反擊才能鞏固自己的權力，但殊不知在這反擊的過程中，自己也成了霸凌者。所以在跟霸凌孩子談話前，我都會先調整好自己的心態，以一顆空白的心來邀請孩子們說，先假設孩子有個好理由這麼做，在聆聽的過程中也不要隨意下結論或評價，如此一來我們才有更多的空間跟孩子們討論是非對錯，讓孩子知道什麼樣的行為會構成霸凌，如果我們一開始就把孩子視為可惡的加害人，那麼孩子也只會對你充滿敵意。

情緒管理能力與社交技巧需增強

網路霸凌事件層出不窮，很多孩子都有在網路上被騷擾、攻擊，或是被惡意批評的經驗，首先，加強孩子的法治觀念是必須的，現代因網路的方便性，孩子們只要動動手指就可以發文，在遊戲中罵豬隊友「死廢物」、「賤貨」等，這些都是會構成公然侮辱罪及誹謗罪的，所以必須讓孩子知道法律的規範，避免誤觸法規。

第二，了解霸凌者背後的行為動機，了解孩子們背後的需求與渴望。有些孩子可能是因為在學校課業表現低落，不想被輕視或貶抑，所以選擇霸凌行為來獲得權力與地位，面對這類的孩子，我們必須強化孩子的其他正向活動，以協助孩子獲得正向的關注。

第三，協助孩子進行情緒管理。霸凌者普遍在個性上較容易衝動、急躁，所以在不知道如何宣洩這些情緒的狀態下，可能就會尋找弱勢者來發洩怒氣，所以協助孩子認識並覺察自己的情緒，找到適合自己的宣洩方法，做正確的歸因，避免將別人的行為進行敵意解讀，採取敵意的對立立場。

最後，加強孩子的社交技巧。面對人際衝突不以暴制暴，允許別人跟自己有不同的意見，建立適當的人際距離與行為規範，讓孩子們清楚哪些行為是被允許的？哪些行為是不被允許的？

造成霸凌的原因有很多種，有些來自家庭的暴力模仿，有些來自孩子不懂得宣洩自己的情緒，有些則是希望引起注意以獲得地位，甚至有些是反擊型的霸凌類型，但不管是哪一種類型的霸凌行為，都需要家長、學校與社會一起來協助孩子，共同預防霸凌行為的發生。

給家長的陪伴叮嚀

避免孩子成為反擊型霸凌者：為了避免被霸凌者日後也可能變成霸凌者，以一種報復的心態來修補自己的創傷，我們必須重視被霸凌者的傷痕，讓孩子知道我們是願意傾聽的，當孩子有需要的時候隨時可以找我們，然後教導孩子如何正確的對抗霸凌行為，發展出足夠的能量來拒絕霸凌者。

犯錯後的學習更重要：我帶著加害者與被害者一同感同身受，加害者承認一開始沒有認知到這樣的行為會帶給別人傷害，覺得很抱歉，也願意來道歉、彌補，於是我也告訴被害者，能知錯能改是件很不容易的事，每個人都會犯錯，最重要的是在犯錯後的學習與進步。

如何與霸凌者溝通：在跟霸凌孩子談話前，我都會先調整好自己的心態，以一顆空白的心來邀請孩子們說，先假設孩子有個好理由這麼做，在聆聽的過程中也不要隨意下結論或評價，讓孩子知道什麼樣的行為會構成霸凌？加強孩子的法治觀念，同時了解霸凌者背後的行為動機，協助孩子增進其情緒管理與社交技巧能力。

女孩們間的小團體

不只是個性問題這麼簡單

面對孩子在學校遇到的霸凌事件，
家長的漠視與不以為意都會間接強化霸凌行為，
而女孩之間的關係霸凌，
更需要家長與老師們深入了解每個孩子行為背後的原因。

「喂，輔導老師您好。」

「您好，請問您是？」

上午十點鐘，接到一通來自某班導的電話，導師覺得妮君在班上的人際關係有問題，希望我能跟她好好聊一聊。

「嗨，妮君，妳好。」下課時間一到，孩子就出現在我的座位後方，身體不斷地顫抖，似乎剛剛才哭過，於是我帶她到諮商室休息，遞了幾張衛生紙，等待孩子情緒穩定下來。

「我在班上原本有兩位好朋友，但我不知道為什麼她們突然都不理我了。」妮君一邊啜泣一邊說著。上個禮拜五老師在音樂課要求分組時，她的兩位好朋友突然無預警地拒絕與她同組，害得妮君成為班上唯一落單的人，她很害怕下次她們又不跟自己一組怎麼辦，於是淚水不斷地掉下來。

「是不是我不夠好？哪裡做錯了？」孩子不斷地自責，陷入一個自我否定的情緒當中。「老師，我現在都只想哭不想笑，是不是生病了？」妮君國小的時候就跟這兩位朋友最要好，不管做任何事她們都會一起行動，三個人之間也沒有吵過架，但這幾天兩位好朋友除了對她不理不睬外，還變本加厲地拉攏其他同學一起排擠她，甚至還出現惡意的言語攻擊。

我只是想要有個人陪

「我爸媽都叫我忍一下就好，可是我只是想要有個人陪，能融入班上而已，誰都好。」妮君的眼淚還是不停落下。她擔心導師的處理方式只會讓兩位好朋友更討厭自己，認為自己就只是個愛打小報告的愛哭鬼，而爸媽也認為這是孩子的個性問題，所以她也漸漸不願意再跟爸媽提起學校的事，「面對這些孤單，妳一定每天都很緊繃，很不好受吧？」

跟妮君談完話後，剛好班上最近也出現了撕課本事件，互撕課本的這兩位女主角，正是她的好朋友淑惠與麗芬，所以我也分別約談了她們。她們疏離妮君後被冠上了「霸凌」之罪，兩人之間也開始鬧得不愉快，互看對方不爽，於是分裂後的兩人各自在班上尋求其他同學的認可，組成小團體，互相排擠、攻擊對方。

她們就是在說我

「其實我超不喜歡班上在那邊搞小團體的」、「我是被迫跟著麗芬一起疏離妮君的」、「她就突然不喜歡妮君啊，也在背後開始講我的壞話」、「那些現在跟她好的人都是表面的，有人偷偷跟我抱怨她是個雙面人」。

「我根本沒有要排擠妮君好嗎」、「妮君很愛黏人，讓我壓力好大」、「淑惠在外面都一直誣賴我討厭妮君」、「同學跟補習班朋友都跑來問我了」、「淑惠根本就是個心機女，整天在背後說我的壞話」。

由於淑惠和麗芬都在批評對方，所以我直接將我的質疑同時傳達給兩人。

「妳有聽到淑惠或麗芬在說妳霸凌妮君嗎？」

「有啊，別人跟我說的。」

「那妳怎麼判斷這是真的呢？」

「真的啊，因為她每次跟別人講話時都一直看過來，竊竊私語的。」

「那妳也會在背後跟別人說淑惠或麗芬的壞話嗎？」

「當然不會，有時候是她們自己要站在我前面，就以為我在講她，但我們是在聊自己的事好嗎。」

「原來如此，所以淑惠或麗芬她們聊天時看過來也不一定是在講妳們囉？」

其實這三個人都沒有想要惡意排擠或霸凌任何一方，但三個人卻同時都接收到被排擠的訊息，當某一方覺得自己的人際關係較危險時，就會趕緊尋找班上的其他同學組成新聯盟，以避免自己成為落單的人。在新的團體聯盟中，孩子們又會刻意地疏離其他團體，負向地解讀對方的行為，懷疑對方是在講自己的壞話，是在攻擊自己，努力找出對方的把柄，以防止自己成為下一位被孤立的人，而在這過程中因為妮君較為內向、被動，就成了那位最顯著的「受害者」。

專輔老師這樣做……

青少女在人際交往上比青少男更容易發展小團體模式，小團體可以帶來歸屬感，讓人感到滿足，但同時也容易帶來框架，使得自己裡外不是人，當團體間的猜忌愈來愈多，關係就會愈來愈惡劣，孩子們在青春期容易出現假想觀眾（Imaginary Audience）現象，會相信自己是他人注目的焦點，並且認為每個人隨時都在注意自己的外表與行為，然而實際上並沒有這樣的觀眾存在，所以當其他同學在小聲聊天時，妮君、淑惠和麗芬可能就會認為對方是在討論自己，是在說自己的壞話。

過度的小團體意識對班級是會產生不良影響的，團體之間容易有排他性，例如：「你跟我好就不能跟他好」，這會使得團體之間更加的相互對立，不善交際的孩子們容易在這之中被孤立，如果我們沒有仔細地觀察、掌握住孩子們之間的愛恨情仇，是很難去發現的。

有別於男孩之間的「肢體霸凌」，女孩們更喜歡「關係霸凌」，透過與其他同學結盟，一起來排擠某位同學，使得弱勢者在沒有任何關係的連結下，被拒絕在團體之外，而關係霸凌中也存在著許多旁觀者，這些旁觀者並不會直接加入霸凌的行列，但也不會提供任何的援助，這會使得被霸凌者更加的無助與無力，喪失自我的信心。

我們都是霸凌的共犯

旁觀者的沉默會助長霸凌的行為，通常旁觀者可能會有以下幾種心態：

第一，認為被霸凌者本身就有問題，「她一定很討人厭，所以才會沒人喜歡她，活該。」

第二，認為沒這麼嚴重，「不就只是沒人跟她同組而已嗎，哪有這麼嚴重啊。」

第三，同儕壓力大，擔心自己成為下一個受害者，「如果我幫她，會不會下次就變成我跟她一起落單？」

面對關係霸凌，身為大人的我們可以怎麼協助呢？根據兒童福利聯盟《2019台灣家長對校園霸凌之認知與態度調查》顯示，有超過九成的家長擔心自己的孩子在校園中被霸凌，但也有三分之一的家長從來沒有跟孩子討論過霸凌，逾四成的家長在得知孩子遭遇霸凌事件後，並沒有特別的處理，多數的家長期待校方處理，但也有家長會選擇以暴制暴、希望孩子忍讓，或是認為這是孩子自己本身的個性問題。

大人的漠視與不以為意都會間接強化霸凌行為，我們必須要有敏銳的觀察力，觀察孩子們的情緒變化，主動覺察孩子的不對勁，導師也應該避免直接在班級中公開審問：「為什麼沒人要跟妮君同組？」或是「再讓我知道有人刻意排擠某人的話就試試看。」面對關係霸凌，我們可以私下先找孩子聊聊，了解孩子希望老師怎麼協助？同時肯定孩子求助的勇氣，接著透過與霸凌者的談話，了解霸凌者行為背後的目的與企圖，很多霸凌者往往都是因為更害怕自己成為被排擠的對象，所以才更用力拉攏其他人以形成團體，穩固自己內心的不安與焦慮。

不論是關係霸凌中的霸凌者還是旁觀者，除了讓孩子認知到這些行為的傷害性之外，也要培養孩子的「同理心」能力。同理心必須透過不斷地練習，細緻地幫孩子找出生命中可連結的相關經驗，才能引導孩子由內而外的換位思考，提升彼此互相尊重的正向心態，例如：「如果今天妳被孤立了，妳的心情跟感受會是什麼？」

為自己照一盞燈

「妮君，當初為什麼會想跟淑惠和麗芬當朋友呢？」

「因為我功課有問題的時候，她們都會很細心地教我。」

「那妳覺得她們喜歡妳什麼呢？」

「可能是因為我很溫柔、很善良吧。」

「嗯，所以這是妳很棒的特質，也是妳所擁有的優點喔。」

面對關係霸凌中的受害者，除了賦予勇氣、教導孩子如何自我保護，以及如何尋求協助之外，我也會聚焦在避免孩子陷入以偏概全的自我否定當中，鼓勵孩子觀察自己的優點，以及在人際關係上需要改進的地方。以妮君為例，她也發現了自己在人際相處上容易過於黏人，一不小心就會侵犯到別人的隱私權，所以我們也一起討論了當想找同學聊天時，可以先確認對方是否有空？避免打擾到對方的時間，妮君同時也觀察到那些好人緣的特質，都很願意主動幫助別人、稱讚別人，這也是可以去學習的地方。

最後我也帶著妮君去回想當初互相成為朋友的那份喜歡，看看自己擁有的特質，重新聚焦在自己的亮點上，然後邀請妮君抽一張「增能卡」送給自己。「做自己的超人，用微笑擊敗挑戰」卡片上的盾牌就像是自己的優點一樣，可以保護自己，可以讓自己被看見，還可以吸引更多喜歡自己的朋友。

給家長的陪伴叮嚀

青春期的「假想觀眾」：孩子在青春期容易出現假想觀眾（Imaginary Audience）現象，會相信自己是他人注目的焦點，並且認為每個人隨時都在注意自己的外表與行為，然而實際上並沒有這樣的觀眾存在，所以當其他同學在小聲聊天時，孩子們可能就容易認為對方是在討論自己，是在說自己的壞話。

避免成為霸凌中的旁觀者：霸凌中的旁觀者並不會直接加入霸凌的行列，但也不會提供任何的援助，使得被霸凌者更加的無助與無力，進而喪失自我的信心，通常旁觀者心態可能會認為被霸凌者本身就有問題、這件事情沒這麼嚴重，或是擔心自己成為下一個受害者。

如何協助關係霸凌：我們可以私下先與受害者聊聊，了解孩子希望老師怎麼協助？同時肯定孩子求助的勇氣，也透過與霸凌者的談話，了解霸凌者行為背後的目的與企圖，很多霸凌者往往都是因為更害怕自己成為被排擠的對象，所以才更用力地拉攏其他人以形成團體，穩固自己內心的不安與焦慮。

Chapter 05

情緒洪流的威力

面對、掌握並且學會調節情緒，是成長過程中的重要課題

不論是大人還是孩子，都有情緒。
大人有時尚且失控，
更何況是面對身心轉變的青春期孩子。
不論是憤怒、悲傷、憂鬱……
每種情緒都有調節的方式，
也都有背後的成因。
因應孩子特質的差異，
傾聽與陪伴，永遠是最好的建議。

開心不起來的孩子

每個人都有憂鬱的時候，這是很正常的

面對孩子的憂鬱，
抽離情緒的陪伴與傾聽是最基本的，
家長也需要放下焦慮和老師合作，
善用工具和技巧，
便能帶著孩子面對心魔，
順利走出憂鬱的深谷。

「老師，拜託，我不想回班上。」

「可以讓我當諮商室的裝飾品嗎？」

筱云只要一踏進班上，就會出現很大的情緒反應，今天早上的複習考也是在保健室裡完成的，保健室和輔導室目前就是她得以暫時喘口氣的避風港。

「我最近常常做惡夢，看見地底下的另一個自己拿著刀在亂砍。」

「老師，對不起，我覺得自己好沒用，什麼優點都沒有，我就是開心不起來。」孩子不斷流著眼淚，拿著這幾天寫的遺囑給我看，卻說不出自己憂鬱的真正原因，我同理著筱云的痛苦，告訴她：「沒關係，我看見妳被困住了，被憂鬱的情緒困住，它不斷地反覆出現，讓妳快撐不下去了。」我將她的無助說出來，讓孩子知道：「我看到了、也感受到了。」

「每個人都有憂鬱的時候，這很正常，憂鬱不是妳的錯。」

「我們的心就像身體一樣，會生病，當妳習慣把事情都累積在心底時，我們的心就會不小心累積太多垃圾，滿出來的時候就容易潰堤、撐不住，這時候代表它需要好好的被照顧。」

我將筱云的憂鬱情緒跟自己分開，讓她不要自責，不要因為自己的憂鬱情緒而有罪惡感，因為心會生病是正常的，我也會一直陪伴她，「心也是會康復的，它不會一直都這樣，所以這是可以渡過的，我會陪著妳一起渡過的。」

專輔老師這樣做……

到底該怎麼傾聽呢？我們都知道要傾聽、陪伴孩子，但哪些話該說？哪些話不該說？很多時候明明都陪伴孩子了，為什麼孩子還是沒有好轉？

世界衛生組織（WHO）公布二〇二〇年影響全球數十億人口的三大嚴重疾病，憂鬱症名列第二，台灣自殺防治中心也表示自殺為現代青少年的第二大死亡主因，二〇一七年就有超過六千名的青少年自殺通報，其中憂鬱症、感情因素與家庭問題，是前三大自殺的主要原因。

幫助孩子將情緒具體化

面對這些被情緒困住的孩子，我們可以藉由「情緒卡」的輔助，來協助孩子整理情緒，讓孩子挑選出自己的感受，因為很多時候當我們詢問孩子「怎麼了？」孩子自己也搞不清楚，頂多只能說出「不好」、「不舒服」等感受。

「在這個惡夢裡，妳很憤怒、很沮喪？」

「夢裡的畫面還有誰？他們之間發生了什麼事？」

透過情緒卡，我讓筱云將這些惡夢具體化，說出當下的感受是什麼？那些人是誰？然後請她說說自己和這些人的關係，當孩子漸漸可以描述出心中的憤怒後，我就能進一步去跟她談談這些憤怒。如果我們不理會情緒，那情緒就會一直不斷地影響我們的生理及心理，最後產生精神上或身體上的疾病，在傾聽孩子的情緒時，也可以利用評量問句來協助孩子覺察自己的情緒強烈程度，「以一到十分來看，你的怒氣是幾分？」、「這件事情的壓力指數是幾分？」

陪伴者關心造成的壓力

孩子不願意或是很難向父母求助，有時候是因為父母得知訊息後，第一個反應或第一句話就是：「不要想太多」、「小孩子有什麼好煩惱的」、「你們就是草莓族，抗壓性不夠」等，父母會認為這只是青春期的叛逆行為，不需要小題大作，但有些父母則是過度地緊張與焦慮，「怎麼辦？」、「怎麼會這樣？」、「這是不是有病？」，反而讓孩子感到更多的壓力。

「妳一定是被霸凌了吧？如果妳再不去學校，乾脆去精神病院算了！」爸爸對著筱云怒吼著。

「根本沒有人霸凌我，是我自己在那個班就會情緒不好。」她也激動地對著爸爸大吼。

面對孩子的憂鬱情緒，爸爸一直急著想找出原因，但這份關心卻讓孩子感到非常有壓力，每天都在問有沒有吃藥？在學校有沒有被欺負？把憂鬱都怪罪於學校，甚至直接打電話到班上質問導師，有一次爸爸還很生氣地打電話到學校來指責我不讓孩子到校，要把我告到教育局去，當時我也很錯愕，完全不清楚怎麼回事？事後才得知原來是因為孩子前幾天情緒特別不穩，下課時間都會跑到四樓的欄杆上，為了預防孩子發生危險，我跟導師決定先依筱云的狀況，讓孩子請假休息一天。

面對爸爸的誤解，我很生氣、也很難過，但整理情緒後，我開始去思考為什麼爸爸會講出這些話？為什麼爸爸會有這些情緒？這才發現，原來是我太急著討論問題了，忘記先停下來傾聽爸爸，面對家中有憂鬱情緒的孩子，家長的身心一定更煎熬，爸爸也會害怕、恐懼，害怕孩子出事，害怕孩子被放棄，爸爸將這些害怕轉為憤怒，於是把學校當成一個宣洩的出口，後來當我再跟爸爸談話時，爸爸也誠心誠意地向我道歉，訴說著自己長期累積在心中的壓力與負擔。

作為憂鬱者的陪伴者，我們必須做到「情緒抽離」，對於筱云的憂鬱輔導，我也曾經感到徬徨、無助，好像不斷給予支持、陪伴後，就無法再繼續往前走了？但當我把自己的情緒再重新整理好後，就又會有新的能量去陪伴孩子，讓自己更沉穩地、不慌不忙地陪伴孩子，不再擔心能給孩子什麼，也不再因為找不到孩子的憂鬱原因而焦慮。

傾聽與陪伴的技巧與真諦

邀請孩子分享心情時，我們可以用肯定句來作邀請，因為當我們在句子中加上「要不要？」、「好不好？」時，很多孩子就會直接回應「不要」、「不好」，如果以「還好嗎？」來表達關心，孩子也都會說出較封閉性的回應，像是「嗯」、「還好」，這可能是因為孩子怕我們擔心，也可能是因為孩子根本不曉得從何說起。

如何同時表達關心，又不會讓對方感到壓力呢？我們可以讓孩子知道，我們已經發現了他的失落，然後釋放出我們願意傾聽他的訊息就好，像是：「最近的你比較沉默，如果想要聊聊，我都可以陪你喔。」在傾聽孩子的時候要用「心」去傾聽，觀察孩子所說的、所表現的，讓孩子知道「我聽到了」，不需要去質疑或評論孩子，因為傾聽本身就具有療癒效果，我們只需要讓孩子盡情地宣洩內心的委屈與不滿就好，然後在傾聽中回饋自己所觀察、所感受到的，例如：「我感受到你很難過，因為你很在乎別人怎麼看你。」

很多家長最常犯的錯誤就是直接給予安慰或意見，像是：「不要難過」、「幹嘛去在乎別人的眼光」，這樣的說法不但只是會讓孩子繼續把自己的情緒壓抑下來，也無法讓孩子得到適當的宣洩，當家長真的很想分享自己的意見或經驗時，可以利用對話來作邀請：「我有不同的想法，你要不要聽看看？」、「如果這麼做會不會更好？」

善用奇蹟問句，讓奇蹟發生

「筱云，謝謝妳的勇敢，告訴了我這些痛苦。」、「如果有一天醒來，發現這些問題都解決了，妳覺得妳的生活跟現在有什麼不一樣呢？」、「這樣的改變，有可能是因為妳做了什麼事？」、「妳是怎麼辦到的？」我用了奇蹟問句，讓她去想像問題解決後的樣貌，並說出心中所期待的結果。

「我看到了一位穿著黃色小洋裝、戴著草帽，在草原上創作的小說家。」

「喔？那位小說家有什麼不一樣的地方嗎？」

「很溫柔，可以為別人著想。」

「那小說家是怎麼辦到的？」

「把面具拿下來，不再把自己鎖起來。」

「嗯，如果小說家想送給妳一句話，那會是什麼？」

「有些事如果沒有做，根本就不會實現。」

筱云很喜歡創作，創作的時候可以讓她感到開心又自由，就像是進入了自己的小世界一樣，不用在乎旁人的眼光，所以當她再次陷入憂鬱情緒時，我鼓勵她透過創作來紓解情緒，轉移注意力，另外我也跟導師一起討論孩子的狀況，請導師在孩子特別不想說話時，給予適當的彈性空間。

畢業的前夕，筱云的狀況也逐漸好轉，可能是因為大考結束後沒有壓力，也可能是因為期待著高中的新生活，在畢業的隔天，她特別回來看我們，她告訴我：「老師，我還是不知道當時的自己怎麼了？但老師妳說的每一句話在我心中的力道都是很強烈的，儘管當時的我都做不到。」

我不知道筱云何時走出來的？但我知道我們的陪伴對她來說是很重要的，憂鬱情緒或憂鬱症就像大腦與心智的感冒一樣，是一種失去健康的狀態，但並不是一件可怕的事，只要在適當的藥物和心理治療下都是可以好轉的，所以身為一位陪伴者，請務必先好好照顧自己，我們才能給出有品質的陪伴。

給家長的陪伴叮嚀

心會生病是正常的：每個人都會有憂鬱的時候，這是一件很正常的事，憂鬱不是孩子的錯，我們的心就像身體一樣會生病，當我們習慣把事情都累積在心底時，心就會不小心累積太多垃圾，滿出來的時候就容易潰堤、撐不住，這時候代表它需要好好的被照顧。

協助孩子將情緒具體化：面對這些被情緒困住的孩子，我們可以藉由「情緒卡」的輔助，來協助孩子整理情緒，讓孩子挑選出自己的感受。傾聽孩子情緒時也可以利用評量問句來讓孩子覺察自己的情緒強烈程度，例如：「以一到十分來看，你的怒氣是幾分？」

傾聽與陪伴的真諦：用「心」傾聽，觀察孩子所說的、所表現的，讓孩子知道「我聽到了」，不要去質疑或評論孩子，因為傾聽本身就具有療癒效果，我們只需要讓孩子盡情地宣洩內心的委屈與不滿，在傾聽中回饋自己所觀察、感受到的，例如：「我感受到你很難過，因為你很在乎別人怎麼看你。」

自傷的孩子，其實在求救

足夠的關心與愛，就能撫平孩子身心的傷痕

家長發現孩子有自傷行為時，
更需要冷靜下來，
先接住自己的恐慌後，
我們才能接住孩子的自傷行為與無助，理性地面對孩子，
讓孩子感受到安全與信任。

「等等，妳的手臂怎麼紅紅的？」

「這是傷口嗎？」

「妳用什麼東西劃的？」

庭安一如往常地晃到輔導室來，在我們聊得正起勁時，我突然瞥見孩子的左手手臂上有一小片紅紅的，仔細一看是一條一條的傷痕，這些傷痕有深有淺，驚覺不對勁，我立刻問了她：「妳左手手臂上那一條一條的傷痕是怎麼回事？」孩子連忙遮住手臂上的傷口，轉身要離開，我立刻抓住庭安的手，仔細觀察，確認就是美工刀刀片所劃出來的傷口，這時孩子慌慌張張地向我解釋：「是剛剛上課無聊劃的，老師妳不要這麼大驚小怪的。」

「真的沒有發生什麼事嗎？老師很擔心妳。」

「老師，真的沒什麼事，我有時候無聊就會劃一劃。」

「那這是第一次劃手臂嗎？」

「不是，以前就有過了。」

庭安第一次劃手臂是在國小的時候，一開始是因為看到班上有同學自殘，覺得好玩又好奇，所以開始模仿，第二次是在國一的時候，因為跟家人起了一個很大的爭執，想說拿刀劃一劃看心情會不會好一點？後來只要心情不好就會劃手臂，且力道一次比一次重，有時候還會將一條一條的傷痕連成一圈，讓它流出一點血絲來。

在知悉孩子有自傷行為後，我趕緊進行通報並告知家長，庭安的爸媽非常驚訝，爸爸出現憤怒、排斥，難以接受的情緒，大發雷霆地怒斥著，命令庭安不准再做出這種行為，而庭安的媽媽則是感到自責又內疚，不斷責備自己沒有照顧好孩子，沒有及時覺察到孩子的身心狀況。

「我爸媽根本就不懂我，也不會想聽我說的。」

「那妳願意跟老師說嗎？妳希望被聽見的聲音是什麼？」

專輔老師這樣做……

大部分的家長都跟庭安的爸媽一樣，發現孩子有自傷行為後，因為過於焦慮與恐慌，會選擇用責備的語氣來批評、回應孩子，但身為孩子的重要他人，我們更需要冷靜下來，告訴自己會有這些情緒和反應是正常的，先接住自己的恐慌後，我們才能接住孩子的自傷行為與無助，理性地面對孩子，讓孩子感受到安全與信任，去聽聽孩子想表達什麼？孩子希望我們聽見哪些需求與困難？孩子自傷行為的背後是否隱藏著什麼訊息？

「每次當我心情不好時，我就會拿美工刀劃手臂，看到血流出來會讓我變得比較平靜。」、「我喜歡用右手去割左手，因為右手比較有力。」、「我覺得割手不會痛啊，也沒有感覺，看到血流出來會覺得很爽、很舒服，什麼事都不用想，好像時間就這樣靜止下來了。」

對庭安來說，割手臂能帶來好的感受，可以撫慰當下的負面情緒，暫時減輕心理上的痛苦，割手臂的動作可以讓自己轉移注意力，進而感覺到平靜。許多自傷者無法宣洩情緒時，就會刻意地傷害自己的肉體，以製造身體上的痛覺來轉移心理上更痛苦的感受，這種掌控感與解脫感，容易導致自傷者在下一次感到心煩時再次自傷，大部分的自傷者都不希望被家人發現自傷行為，會極力地隱藏傷疤及相關證據，但自傷者同時又渴望得到家人的關注與愛，於是常常陷入矛盾的情緒與痛苦當中。

孩子為什麼要自傷

「爸媽的眼裡跟心裡都只有妹妹而已，根本不會心疼我。」庭安還有一個妹妹，妹妹非常好動，所以爸媽的心力都在妹妹身上，她覺得妹妹只會撒嬌裝乖，讓爸媽把焦點放在她身上，最有印象的一次就是自己跟妹妹去公園玩，兩人不小心跌倒，庭安撞到膝蓋流血，妹妹只有些微的小擦傷，然而爸媽當下只在乎妹妹有沒有受傷？還對庭安發脾氣，讓她心裡很不是滋味，為此耿耿於懷，認為自己是孤獨的、不被愛的。

自傷行為由許多心理與社會等相關因素互相影響著，包含個人因素、家庭因素與學校因素，在個人情緒上，可能是遭遇到重大的生活壓力事件，如：受暴、受虐、喪親、分手等創傷，因缺乏適當的情緒表達管道，選擇用極端的方式來發洩心中強烈的情緒與壓力，藉此釋放自己的無助與憤怒，孩子在解決問題的過程中感到挫敗，就容易產生憂鬱感與挫敗感，進而出現自傷行為。

在個人認知上，當孩子發現自傷行為可以轉移注意力，獲得立即性的宣洩與暫時性的解脫時，就會變得更加依賴自傷來消除內心的負向感受，逃離負面的情緒與記憶，在痛苦的過程中獲取被愛的連結，以疼痛的方式來感覺自己的存在，自傷行為就像菸酒一樣容易上癮，一旦孩子透過自傷行為獲得內心滿足後，就容易重覆出現，以不適當的自傷因應模式來適應生活中的各種問題，形成負向循環。

在家庭因素部分，許多研究皆顯示家庭在孩子成長中扮演重要的角色，負向的溝通方式容易產生不良的親子關係，也容易導致孩子在成長的過程中缺乏安全與信任的依附關係，當孩子在家庭中的寂寞感愈大，自傷行為的比例就愈高，家庭中的父母婚姻關係不和諧，孩子得不到溫暖的情緒支持與陪伴，亦會感到孤單、自卑，父母無暇顧及孩子的各種需求，導致親子關係更加崩壞，家庭充斥著批評與衝突，也會加劇孩子以錯誤的方式來求助與紓壓。

學校中有些孩子也可能會因為好奇而模仿自傷行為，誤以為這是所謂的「潮流」，將自傷行為作為一種炫耀來引人注目，孩子面對學校中沉重的課業壓力，也可能會效法同儕間的自傷方式來宣洩情緒，有些孩子則是希望透過自傷行為來向外界求助，傳達出內心的無助與困難。

十分鐘的替代行為

「當妳又出現自傷的念頭時，先給自己十分鐘做點別的事。」

暫時保管庭安的美工刀後，我鼓勵孩子在出現自我傷害的念頭時，先以十分鐘為單位，以不同的正向替代行為來宣洩情緒，停止自我傷害的第一要件就是要先阻斷惡性循環，採用漸進式的方式來消弱自傷行為。想感覺到痛的時候，可以用傷害比較小的替代行為來產生痛感，例如：將冰塊印壓在手臂上、嘗一點辣椒或胡椒、塗抹薄荷、萬金油、綠油精等轉移注意力，或是用力地拍打桌面，在需要轉移注意力的時候也可以透過運動、舞蹈等活動來消除負面情緒，甚至在想看到血的時候，也可以用紅筆畫在手臂上，製造出一絲絲血絲的樣貌。

十分鐘的替代行為後，再帶著孩子覺察自己當下的情緒。「當時的感覺是什麼？」、「為什麼會想要自殘？」、「除了自殘，還有哪些方法可以消除這些痛苦？」、「不自殘後的感覺是什麼？」、「下次怎麼處理會更好？」

建立情緒照顧清單

「難過的時候，除了割手，還可以做些什麼呢？」、「做什麼事情會覺得心情好一點？」利用例外問句來協助孩子找出自己的正向資源，我們可以先去讓孩子想一想，什麼時候難過的情緒會少一點？當難過沒有這麼困擾自己的時候，是在做什麼？找出孩子不被困住的時刻，建立起自己的情緒照顧清單。

「請妳利用一分鐘的時間，列出心情不好時會怎麼做？」我請庭安盡可能地列舉出來，一分鐘過後，請孩子看一看自己的情緒照顧清單有幾項？每個人的情緒照顧清單都不同，放鬆的方式與效果也因人而異，對她來說，聽一些柔和的音樂，跟著旋律唱歌、沖熱水澡、找朋友聊天講話、到戶外走走、睡個覺，或是做做白日夢等都會讓自己感覺不錯。

適合每個人的自我照顧方法也都不一樣，只要這個方法可以讓自己感覺好一點，都可以是我們的情緒照顧清單。憂鬱的時候，可以做些緩和身心的事：喝杯熱牛奶、泡泡澡、聞點精油香氛等；生氣的時候，可以做些激烈的體力運動：捶打枕頭、布偶、拳擊沙袋、撕報紙，吶喊尖叫或跑步等，藉由運動、繪畫和音樂來調劑身心，這些都是紓發壓力的良好媒介，有助於正向情緒的累積，延緩負向情緒的惡化。

「老師，謝謝妳，在我心情不好的時候，我現在都會一個人去跑跑步。」學期結束後，庭安再也沒有出現自傷行為了，她表示自己除了原本的聽歌、唱歌外，現在也很愛跑步，有時候還會牽著家裡的狗一起散步。導師也覺得庭安開朗許多，在課業上充滿幹勁，有了新的目標，希望未來可以考上自己喜歡的動畫設計科，這樣的目標與期望讓庭安的課業進步神速，變得更有自信，也更有能量去面對生活中的各種情緒與壓力。

給家長的陪伴叮嚀

自傷行為的因素：孩子的自傷行為由許多心理與社會等相關因素互相影響著，包含個人因素、家庭因素與學校因素，缺乏適當的情緒表達管道，當孩子在家庭中的寂寞感愈大，自傷行為的比例就愈高，孩子也可能會因為好奇而模仿自傷行為，將自傷行為作為一種炫耀來引人注目，或是透過自傷行為來向外界求助。

十分鐘的替代行為：鼓勵孩子當出現自我傷害的念頭時，先以十分鐘為單位，以不同的正向替代行為來宣洩情緒，因為停止自我傷害的第一要件就是要先阻斷惡性循環，採用漸進式的方式來消弱，再帶著孩子回頭覺察自己當下的情緒與感受。

建立情緒照顧清單：「難過的時候，除了割手，還可以做些什麼呢？」、「做什麼事情會覺得心情好一點？」利用例外問句來協助孩子找出自己的正向資源，每個人的情緒照顧清單都不同，放鬆的方式與效果也因人而異，但只要這個方法可以讓自己感覺好一點，都可以是我們的情緒照顧清單。

當孩子想要離開這個世界

先穩住孩子的情緒，再慢慢打開心房

自殺一直是位於青少年十大死因之第二位，
因此當孩子出現焦慮、憂鬱、沮喪，變得沉默或退縮，
或是出現破壞等好鬥行為，
在生理上有失眠等狀況，
身邊的大人們就得多多留意。

「這是你們最後一次看我留言了。」

「我明天就會離開了。」

「再見。」

志祥一早無故未到校，家裡電話打不通，家長手機也無人接聽，導師覺得情況不太對勁，同學趕緊拿了昨天晚上志祥在班級群組傳的一段話給導師看，導師一看嚇傻了，連忙通知輔導室與學務處。

由於志祥之前就是我的二級輔導個案，我們已建立不錯的信任關係，所以很快的我就透過孩子在校外的朋友幫忙協尋，最後終於在學校附近的河堤邊找到他。

最危急的前三十分鐘

「志祥？志祥？你還好嗎？」

孩子坐在地上抱著膝蓋，看到我們後情緒變得非常激動，不斷大吼著：「你們不要過來。」接著孩子躺在地上啜泣：「反正你們也只是要叫我回去上課而已，離我遠一點，走開！」我擔心孩子的情緒過於激動，所以沒有再繼續往前走，「好，志祥，我不靠近，那我可以坐在旁邊陪陪你嗎？」我與他保持著一段距離，然後不停地叫著他的名字，希望能藉由志祥對名字的敏感度來打斷他當下的負面思緒。

「今天的河堤蠻美的，風吹來也蠻舒服的。」、「你坐在這裡多久了？會不會冷？」不論我說了什麼，孩子都沒有回應，於是我開始進入自言自語模式，試著轉移孩子的注意力，使他能被動的暫時抽離負面思緒，然後我也營造了比較輕鬆的話題，讓他的情緒能有些緩和空間。「志祥，雖然我不知道你發生了什麼事，但我知道你會在這裡，一定是有什麼事情讓你很難受。」我同時揣摩並同理著他的情緒，待孩子的情緒逐漸冷靜下來。「我們一起回輔導室好嗎？你先不用急著回教室上課，我很在乎你怎麼了？我會等你準備好了再來開口談。」

專輔老師這樣做……

當孩子陷入極度負面的情緒和思緒時，我們可以先想辦法轉移孩子的注意力，可透過不斷地叫名字來引起注意，或是陪孩子說說話，如果孩子願意說就靜靜聽孩子說，如果孩子不願意說，那就由我們來開啟話題，這些話題也都必須避免引起孩子更大的情緒波動，先陪孩子度過情緒風暴最危急的前三十分鐘，待孩子的情緒緩和後，我們才有機會進入問題核心，與孩子討論這些情緒的成因。

自殺風險評估

「我覺得人生沒有意義，家裡根本沒有人在乎我，也沒有人重視我。」志祥表示昨天晚上一個人在房間的時候，突然覺得人生沒有希望、沒有任何的意義，於是走到了陽台傳訊息給同學們，因為不想待在家裡，也不喜歡這個家，所以計劃今天就要離家出走，但走到了河堤邊，想到昨天有同學一直勸自己不要衝動，就坐下來冷靜，只是沒想到手機開機之後，有這麼多的訊息和電話湧入，一大群朋友都在找自己，這讓他很訝異，也有點開心。

「老師很開心你沒有做出衝動的事。」我再次肯定了孩子，也強化大家對他的關心與擔心，我告訴志祥：「我們都很在乎你。」

由於志祥在班級群組傳的訊息是具有自殺意念的，所以我先進行自殺風險評估，判斷他目前處於自殺風險的哪一階段？是低度、中度還是高度？除了有自殺意念外，是否也曾經出現過自殺企圖或自殺行為？藉著一系列的評估問題來確認孩子的自殺計劃已落實到什麼程度？是否有立即的自殺危機？「是什麼時候開始出現自殺意念的？」、「自殺意念持續多久？」、「自殺意念出現的頻率高嗎？」、「是在什麼事或什麼地方出現自殺意念的？」、「曾經想過用什麼方法來自殺？」、「是否求助過？」、「是否已經準備好了？」、「最後沒有做出自殺行為的原因？」

延緩孩子的自殺衝動

進行自殺風險評估及相關通報後，我也跟志祥簽了一份「不自殺契約」，與孩子約定好當自己又情緒低落時，做些其他事情來緩和自己的自殺意念，藉由契約來降低執行自殺行動的衝動。不自殺契約的目的是在為孩子爭取更多時間以減少自殺危險，並非解決問題的方法，孩子在簽署契約書後也並非一定就不會自殺，所以我也陪著志祥討論面對負向情緒的其他方法，「當自己又陷入負向情緒時可以做些什麼？」如果身旁有人可以聊聊天、說說話，也可以讓自己先暫時停止這些負向思緒，於是我們在不自殺契約寫下出現自殺意念的時候，可以聯絡誰？身邊有哪些可利用的資源？

簡式健康量表

根據衛福部的統計資料顯示，十五歲至十九歲的自殺死亡率近五年來有增加趨勢，且逐漸低齡化。自殺一直是位於青少年十大死因之第二位，孩子出現自殺企圖的原因包含感情、人際、情緒與憂鬱等因素，因青少年人格尚未發展成熟，又處於尋找自我認同的階段，獨立又依賴，這導致青少年在價值觀的拉扯中容易有錯誤的認知扭曲，面對生活中的各種困難時缺乏彈性，情緒容易感到焦慮、憂鬱、沮喪，變得沉默或退縮，或是出現破壞等好鬥行為，在生理上也可能有生理機能失調，出現失眠的症狀，對人生感到無望，缺乏希望感。

當孩子出現這些求救訊號時，有些家長會誤解孩子只是想獲得注意因而忽略，錯失了拯救孩子的黃金時期，我們必須多加留意孩子，在生活中是否會突然對日常活動失去興趣、提不起勁、成績全面性的退步、反覆出現抽菸、喝酒或藥物等不當使用？近年來許多孩子的自殺行為也都跟憂鬱有關，孩子是否常常出現憤怒、負面又消極的言語？容易感到疲倦、沒有食欲，甚至是出現拒學、沉迷網路等現象？

評估孩子的自殺危險性，還可以透過台大李明濱教授等人所發展的「簡式健康量表（BSRS-5）」來快速了解孩子的身心健康狀態，幫助我們偵測孩子的心理照護需求，當量表的分數偏高，就需要進一步協助孩子就醫或是轉介給專業的人士進行治療。

修正孩子的認知扭曲

「如果志祥真的這麼做，我會好心疼，我也一直叫他要把心事說出來，但他都不願意說。」媽媽非常自責，但因為爸媽在外縣市工作，長期不在身邊，所以志祥從小就覺得自己是被丟棄的、不被愛的，進而有了扭曲的認知，例如：「我是多餘的」、「我一定是個廢物」、「做什麼事都沒意義」等非理性信念，而這些非理性信念也導致他不斷有負面的情緒困擾出現。

根據認知行為治療學派，人們的心理困擾通常來自認知歷程，人們對事件的詮釋會造成其心理困擾，這些情緒困擾通常來自自動暗示及自我複誦，進而使人出現了憂鬱的思維，包含自我批判、悲觀主義和絕望感，志祥的情緒困擾部分來源正是這些負面的認知，包含獨斷的推論、選擇性的抽象化、過度類化、誇大或貶低、個人化、標籤化及二分法思考等，所以我也帶著志祥去辨識出自己的非理性信念，並修正其扭曲的認知，以進行認知重建。

增強保護因子及優勢

「嗯，我這次運動會幫班上贏了很多獎牌。」除了辨識自己的非理性信念外，我也試著在志祥的生活經驗中找出其個人優勢，強化志祥的保護因子，透過在學校的正向表現來強化其正向成就，提高自尊心，讓他更有能量和信心去面對生活的挑戰及困難。

「嗯，我這個假日也有主動炒菜給爸媽吃。」同時我也邀請志祥的爸媽一起合作，鼓勵孩子在生活中做出一點改變，為孩子賦能，強化他對生活的勝任感與控制感，並促進孩子與家人之間擁有良好情感連結。

自殺是一連串過程後的結果，陪伴這類孩子的過程煎熬又漫長，我們必須隨時注意孩子發出的求救警訊，避免錯過黃金時期，同時辨識出孩子的自殺危險因子，強化孩子在個人與環境中的保護因子及個人優勢，並給予正向的情緒支持與陪伴，家長也必須跟學校保持良好又密切的合作，在有需要的時候隨時與老師、醫師或心理師討論輔導策略，以協助孩子順利度過自殺危機。

給家長的陪伴叮嚀

最危急的前三十分鐘：當孩子進入極度的負面情緒或思緒時，我們可以先想辦法轉移孩子的注意力，可透過不斷地叫名字來引起注意，或是陪孩子講講話，陪孩子度過情緒風暴最危急的前三十分鐘，待孩子的情緒緩和後，再進入問題的核心，與孩子討論這些情緒的成因。

自殺風險評估：藉著一系列的評估問題來確認孩子的自殺計劃已落實到什麼程度？是否有立即的自殺危機？「是什麼時候開始出現自殺意念的？」、「自殺意念持續多久？」、「自殺意念出現的頻率高嗎？」、「是在什麼事或什麼地方出現自殺意念的？」、「曾經想過用什麼方法來自殺？」、「是否求助過？」、「是否已經準備好了？」、「最後沒有做出自殺行為的原因？」

修正認知扭曲並增強保護因子：人們對事件的詮釋會造成其心理困擾，這些情緒困擾通常來自自動暗示及自我複誦，所以利用對話來協助孩子辨識出自己的非理性信念，修正其認知扭曲，以進行認知重建，除此之外也在孩子的生活經驗中找出其個人優勢，以強化孩子的保護因子。

沉默也是一種表達

孩子有可能只是不知道該怎麼說

面對沉默的孩子，
家長或師長需要跟著孩子的步調走，
認同孩子的沉默也是一種表達，
這些沉默都透露了一些訊息與意義，
給孩子空間，
避免落入質問的模式，
直到找出孩子沉默背後的關鍵。

「不知道。」

「都可以。」

「爽啦。」

智揚終於擠出了一些話，儘管只有短短幾個字而已。

智揚是被導師轉介過來的孩子，在國小時有一些不良的偏差紀錄，喜歡玩電腦、玩手遊，每當導師要跟智揚談話時，他都以「嗯嗯、還好」等敷衍帶過，這讓導師非常憤怒，不知道他在想什麼？也認為這樣的回應方式是個很沒禮貌的行為。

「你平常放學回家都在做什麼呢？」

「不知道。」

「那你喜歡玩什麼遊戲？」

「都喜歡。」

每次跟智揚會談時，我彷彿就像是在跟一面牆壁說話一樣，孩子沒有表情，也沒有情緒，總是兩眼放空的看著我，我無法交談、無法對話，也無法從對話中去蒐集他的個人資訊。

媽媽也抱怨智揚對她愛理不理的，非常頭痛，甚至開始猜測起會不會是因為他國小有被欺負過，所以才導致智揚把自己的心都關閉起來？「唉，那孩子根本不想說話，我能怎麼辦？」

專輔老師這樣做……

帶著這個線索，我試著把焦點放回智揚國小被欺負的事件上，但他對這件事毫無印象，反而是我在跟媽媽的某次對談中，我又聽到了媽媽抱怨：「有一次我問他為什麼沒帶書包回來？結果他斜眼看了我一下，這什麼意思啊？這孩子怎麼會這樣？今天如果妳跟別人說話，別人不回答妳，還斜眼看妳，妳會有什麼感受？我整個很生氣。」

回答總是不超過十個字

「媽媽，我知道妳是擔心智揚，但先不要指責，我們先了解一下原因。」我提醒媽媽先不要去指責孩子，儘管媽媽的用意是希望孩子能注意到「不說話」這件事，可能會引起別人的不滿，但在那個當下，這樣的提醒對智揚來說可能會是一種教訓跟碎念。

「智揚，我發現不管我問你什麼問題，你都會說『不知道』，你剛剛已經說了二十次的『不知道』了。」面對智揚的沉默，我用了一個比較輕鬆的方式來回應，我讓他知道我可以接受你的沉默，但我也會等你開口，然後我幫他取了一個綽號「不知哥」，這意外讓我們的氣氛變得熱絡起來，當智揚又不小心說出「不知道」這三個字時，也笑了出來。

「智揚，你會不會覺得老師一直問你問題很煩啊？」

「不會。」

「真的嗎？」

「嗯，可以出來談話不錯。」

「不會覺得厭煩？」

「痾，不知道。」

在好不容易有了其他回應時，我不小心又犯了一個大錯，讓智揚瞬間又回到原本習慣的回應模式，但也因為這樣，我發現了他在不確定自己的回應是否正確時，就會選擇這種比較安全的「標準答案」來保護自己、免於犯錯，於是我開始重新思考智揚沉默的背後意義，那些他習慣的口頭禪「不知道」、「都可以」，或許就是因為他擔心自己說錯話，長期對自己缺乏信心。

「老師……」

「嗯？怎麼了？」

「妳可以一句話不要超過十個字嗎？不然我會覺得妳在碎念。」智揚突然提出了這個要求，讓我驚訝又開心，因為這是他第一次說這麼多話，於是我們做了一個很有趣的打賭，如果接下來我一句話超過十個字就要請喝飲料，但如果智揚回應超過十次的「不知道」，就要反請我喝飲料，就這樣我們終於在會談中有了「同步」的感覺。

為了有更多的對話，我邀請孩子一起寫交換日記，但如果他在日記中沒有想法時，我也不會繼續追問，我會讓孩子自己開啟話題。有次孩子寫下了：「上課好無聊，頭好痛，想睡覺。」看到這樣的訊息，很多家長一定會馬上指責：「上課無聊抄筆記啊」、「頭痛就是因為你玩手遊」、「誰叫你不早點睡」等，但我沒有，我只給出了關心與擔心：「還好嗎？頭痛多久了？好好休息。」就這樣在我們實施交換日記後，我發現智揚在晤談中的話比以前多很多，也開始會對我感到好奇，反問我問題。

孩子的心並不沉默

「你希望自己在哪些地方有哪些進步呢？」

「不知道，不在乎。」

儘管我們有了對話，但智揚對任何事物還是都漠不關心，直到某一次我忍不住問了：「為什麼你這麼不在乎自己？」

我們陷入了沉默，智揚低著頭不發一語，但這沉默中似乎也出現了一點化學變化。「你這麼不在乎自己，是不是覺得沒有人在乎你？沒有人關心你？」、「你不懂為什麼媽媽要選擇另一個家庭？自己好像被拋下了。」、「不懂為什麼媽媽還要生下你？」、「所以你才選擇麻痺自己去逃離這一切？」聽完這些話，智揚難過地哭了起來。

這是我第一次碰觸到孩子的心，原來是那缺乏愛的創傷，原來狂打遊戲只是為了想麻痺自己，原來不在乎自己只是因為覺得沒有人在乎自己，這是我第一次看到他掉眼淚，也是第一次覺得這孩子沒有那麼「空」，或許這也是有人第一次真正說出他埋藏在心中的感受吧。

花了一年半的時間陪伴，我才真正碰觸到智揚的心，打破了這一年半只有「還好」、「不知道」的回應模式，我拍著他的肩，堅定地告訴他：「你是值得被愛的，你是值得擁有愛的，雖然我不知道未來會怎麼樣，但至少讓我陪著你，我們一起往前走看看。」而智揚的媽媽在知道這件事後也非常錯愕，原來不是因為國小被欺負才封閉自己的，原來媽媽每次想聊聊時，智揚都不回應，甚至發脾氣，是因為「氣媽媽」。

沉默的四種狀態

面對沉默的孩子，我們總是希望孩子趕快說出自己怎麼了，好進入溝通階段，而沉默的孩子大約可分為以下四種狀態。

第一種狀態為孩子需要更多的安全感及信任感。就像智揚一樣，因為害怕自己無法回應出大人期待的答案，擔心自己的回應被指責、批評，所以乾脆不要回應，放棄與外界溝通，可能是因為孩子對我的信任感還不夠，也可能是因為那些話題會觸及創傷，所以選擇沉默，於是我試著放慢速度，讓他感到安全又舒適，跟著他的步調走，告訴他：「不用緊張，不用害怕，也不用擔心對與錯。」

第二種狀態是不善於表達，需要更多的引導。沉默的孩子不見得是不說話的孩子，很多時候是不知道怎麼說，不知道怎麼描述內心的想法，有些青少年的表達能力較弱，無法清楚陳述內心的感受，有些青少年則是個性較為內向，不善於言談，以智揚為例，他比較擅長以寫的方式來表達內心的感受，所以在會談中我加入了交換日記的方式來增加溝通機會，協助孩子傳達出內心真正的感受與想法。

第三種狀態為需要沉澱的空間。孩子可能此時此刻正在消化剛剛所發生的一切，正在體驗某種情緒與感受，反覆沉澱你所說的話或某件事的意義，所以面對這類孩子，我們先不用打斷他，真誠地陪伴並表達關心即可。

第四種狀態為一種抗拒與逃避。孩子的沉默可能是一種無聲的抗議，孩子用沉默來表達對我們的厭煩、不滿，就像智揚一樣，因為感受不到自己存在的價值，所以不在乎任何事，在潛意識中拒絕思考，讓自己進入一個空洞又沉默的世界。

面對沉默的孩子，切記跟著孩子的步調走，不急、不躁、不慌，孩子的沉默也是一種表達方式，這些沉默都透露了一些訊息與意義，是什麼原因讓孩子們不想講、不敢講、不爽講，或是不知道該怎麼講？在找出沉默的意義前，真誠地接納孩子，給予孩子沉默的空間，在孩子願意說話時認真地傾聽、回應，不急著給予評價、建議或譴責，避免掉進一個質詢的模式，如此一來我們就有機會更了解孩子，與孩子建立一個良好的溝通管道。

給家長的陪伴叮嚀

沉默的四種狀態：孩子的沉默可能是因為需要有更多的安全感及信任感，也可能是不擅於表達，需要有更多的引導，或是孩子此時此刻正在消化剛剛所發生的一切，體驗某種情緒與感受，孩子的沉默也可能是一種無聲的抗議，利用沉默來表達對我們的厭煩與不滿。

孩子的沉默也是一種表達：面對沉默的孩子，切記跟著孩子的步調走，不急、不躁、不慌，這些沉默可能也都透露了一些訊息與意義。「是什麼原因讓孩子們不想講、不敢講、不爽講，或是不知道該怎麼講呢？」在找出沉默的意義之前，我們只需要真誠地接納孩子，給予孩子沉默的空間即可。

陪孩子面對死亡

面對親人離世，大人小孩都需要安撫

面對家中親人離世，
大人也沉浸在悲傷之中，
可能無暇顧及孩子的情緒，
或是覺得不需要跟孩子多解釋什麼。
但是，只要是人都會有情緒，
成長中的孩子更需要學習如何應對，
尤其是親人離世的重大傷痛。

「老師，我想找妳聊聊。」

「我覺得我一直無法放下。」

「我不知道到底該怎麼告別？」

某節下課，秀嫻突然走到我的旁邊，失落地看著我，並主動要求約談，我帶著孩子到諮商室坐了下來，她深嘆了一口氣後緩緩說出：「我的爺爺離開我了。」

秀嫻的爺爺在上個月發生一場嚴重的車禍，宣告不治，從爺爺離開後到現在，孩子都還無法釋懷，經常夢見爺爺，對於爺爺的突然離世，她有好多複雜的情緒，包含難過、驚訝、心痛、焦慮以及生氣等，每天都睡不好，對所有的事失去熱情，甚至開始懷疑自己是否得了憂鬱症？

孩子跟爺爺的關係很好，從小就是由爺爺一手帶大的，在爺爺過世之後，家裡面的人為了遺產整天吵吵鬧鬧的，秀嫻不能理解為什麼大人都只在乎這些東西？沒有任何一位大人跟自己好好聊過爺爺過世後的心情，所以她也只能將這些情緒一直放在心裡。

讓孩子多說說

「秀嫻，妳能不能跟我說說有關爺爺過世的這件事呢？」第一次面對「死亡」，孩子的內心有很多想法和情緒。死亡是一件很悲傷的事，然而卻有很多大人都覺得不需要跟孩子說太多，或是不曉得怎麼跟孩子們談，有些大人則是自己都還在這個悲慟中，根本無心去留意孩子的情緒與狀態。

我讓秀嫻有機會完整地談談爺爺過世這件事，從聽聞、知悉、看到、送別到最後參加公祭的過程。

「當妳聽到爺爺車禍送醫後，妳的第一個反應是什麼？」、「在腦中閃過的念頭是什麼？」、「妳去醫院看到爺爺後，妳在想什麼？」、「爺爺能說話嗎？跟妳說了什麼？」、「參加公祭後，妳覺得如何？」、「身邊的其他人還有其他情緒嗎？」

專輔老師這樣做……

秀嫻回憶著整個過程，不停地啜泣。「我第一時間以為這是假的，覺得是騙人的吧？」、「平常都是爺爺負責接我上下學，在車禍當天變成姑姑接送，當我聽到爺爺發生車禍時也完全不敢相信。」、「當我到加護病房看到爺爺的時候，我好生氣、好害怕，我想找出到底是誰撞爺爺的？為什麼他不第一時間救爺爺？」接著秀嫻開始指責每一個人，甚至責備起自己，「但我也只能守在加護病房外，為爺爺禱告，祈禱爺爺好轉，但最後爺爺還是離開了，我的心就好像被捅了一刀，好痛、好痛。」

哀慟的五階段反應

面對哀慟事件，人們通常會有五個哀慟反應階段。

首先為否認、不敢相信，認為「這不是真的吧？」就像秀嫻一樣，第一時間聽到消息時先否認，先將自己隔離起來，以避免面對像這種突如其來的意外、無法掌控的悲痛、災難性與衝擊性的事件。

其次為憤怒、怨天尤人。「為什麼這件事會發生在我身上？」在我們經歷否認後，就會將內心的衝擊與挫折向外投射，引發強烈的憤怒感及罪惡感，開始不斷責怪每一個人，甚至是責怪起自己。

第三為討價還價、祈求奇蹟出現。「如果爺爺康復了，我就會好好讀書。」在憤怒完之後，我們會開始祈求，祈求奇蹟出現，有些人會尋求自己的宗教信仰，有些人則會開始許下承諾，「如果……我就……」出現了一種討價還價的行為。

第四為憂鬱、自責、沮喪。人們會開始不斷思考「人活著有什麼意義？」在這個階段，我們知道了就算討價還價也無法扭轉事實，深沉的悲痛、懊悔、無助與絕望，使我們對生活失去熱情，對任何事物感到麻木，憂鬱的情緒讓我們變得脆弱，嚴重者甚至會出現自殺的念頭。

最後經過了漫長的沉澱，可能是數個月或數年，我們會開始接受這個事實。「雖然爺爺離開了，但我對爺爺的愛永遠都在。」這個時候，我們會慢慢地重新建立一個新的生活樣貌，接受新的人、事、物，並帶著這份愛與回憶繼續往前走。

悲傷是療癒的契機

「那種失去的感覺，就好像掉進了一個無底洞一樣，妳一定很捨不得吧？」我同理著孩子的情緒，秀嫻崩潰大哭。

「爺爺離開後，妳有像這樣哭過嗎？」

「沒有，因為我怕阿嬤會更傷心，所以我都忍住。」

「嗯，妳好貼心，但也要允許自己好好悲傷，因為失去爺爺是事實，不用急著放下或告別。」

將負面情緒釋放出來才是傷口癒合的起點，好好地悲傷是重要的療傷歷程，有些人可能會覺得不要碰觸，不要談論就不會難過，但沉默只會把我們這份悲傷埋藏得更深。

「我們一起用畫畫的方式把心情畫下來吧。」我透過藝術治療協助秀嫻療傷，首先我先給了孩子一張白紙和一盒彩色筆，請她選出一個顏色，以線條的方式畫出憤怒，再選不同的顏色分別畫出快樂、悲傷和平靜，最後讓秀嫻去看看自己不同的情緒、不同的顏色與不同的線條。

第二張白紙，我請秀嫻挑一個顏色，以圖像的方式，具體或抽象都可以，畫出爺爺過世這件事，創作時間約為十分鐘，然後請孩子描述這張圖的內容。「圖中有哪些部分讓妳想起了什麼？」、「這張圖的象徵或意義是什麼？」、「說說這裡發生了什麼事？」、「什麼時候？有誰？為什麼？」、「妳在圖畫中的哪裡？」

第三張白紙，我讓秀嫻安靜地創作十五分鐘。「請妳逆向思考一下，爺爺的離開雖然不幸，但對妳的人生有什麼意外的啟示呢？在這個過程中的成長會是什麼？」最後我將秀嫻的第二張圖與第三張圖放在一起，一起觀察這兩張圖有哪些不同的地方？將這個創傷事件重新框架、給予意義，回饋秀嫻：「雖然我看到了妳很難過，但我同時也看到了妳的努力，妳帶著爺爺的期望與愛想念著爺爺。」

處理未竟事務

「妳有沒有什麼話想對爺爺說，卻還來不及說的呢？」由於爺爺走得太突然，我邀請秀嫻說說想對爺爺說的話，整理與爺爺之間的「未竟事務」，在秀嫻分享這些美好回憶的同時，我也肯定了秀嫻擁有的能量。「妳愛爺爺，爺爺也愛妳，這段時光並不會因為爺爺的離開而變得沒有意義。」

未竟事務（Unfinished Business）是心理學完形治療中的一個概念，當人的心中還有尚未完成、尚未解決的事務時，便會留下未竟事宜，這些未能表達的情緒經驗，容易使人感到焦慮、緊張或後悔，處理未竟事務，有些諮商師會使用空椅法（Empty Chair），在個案面前放一張空椅子，引導個案想像椅子上正坐著某位對象，例如：父母或其他生命中的重要他人，然後請個案對著空椅表達心中的感覺及情緒，使情緒找到一個出口，但空椅法建議由專業人員帶領，所以在會談中，我會比較傾向邀請孩子以敘事的書寫方式來表達心中的情緒，例如：寫一封信給爺爺，在信中寫下對爺爺的思念或疑問，也可以向爺爺分享這段時間自己所經歷的所有情緒與悲傷。

創造正向的連結回憶

「我們可以怎麼想爺爺比較不痛苦呢？」在秀嫻處理完未竟事務後，我引導孩子以正向的態度去連結跟爺爺之間的回憶，秀嫻很喜歡在浴室裡大聲唱著爺爺喜歡的歌、大聲呼叫著爺爺，這些方法都可以把思念過程變得更有趣。

「還有什麼方法，就算看不到爺爺，也能感覺到爺爺在身邊呢？」秀嫻也慢慢開始調整沒有爺爺的生活，我告訴她不需要告別、也不需要刪除，而是找到一個自己喜歡的方式持續愛著爺爺，可以整理爺爺的照片、寫寫日誌、規劃一個爺爺的回憶專屬角落。

每個人的療傷歷程都不同，在慢慢接納爺爺的離開後，秀嫻也能給予爺爺一份充滿愛的祝福，某天晚上秀嫻夢到爺爺回來叮嚀自己，告訴自己要好好照顧身體、好好讀書，而她也在夢中答應爺爺會好好地長大、好好生活，要爺爺不要擔心。儘管秀嫻在描述這個夢境時又流下了眼淚，但我知道這個淚水已經是個成長，她會帶著爺爺的愛繼續走在自己的人生道路上。當秀嫻主動來找我聊聊，踏進諮商室的那一刻起，我就知道這孩子已經有能力去面對，我也只是把孩子那原本小小的勇氣再充飽、再填滿，讓它更有力量而已。

給家長的陪伴叮嚀

哀慟的五階段反應：首先人們會先否認、不敢相信，認為「這是真的嗎？」其次為憤怒、怨天尤人，「為什麼這件事會發生在我身上？」第三為討價還價、祈求奇蹟出現，「如果爺爺康復了，我就會好好讀書。」第四為憂鬱、自責、沮喪，人們會開始不斷思考「人活著有什麼意義？」最後人們會開始接受事實，帶著這份愛與回憶繼續往前走。

悲傷是療癒的契機：將負面情緒釋放出來才是傷口癒合的起點，好好地悲傷是重要的療傷歷程，有些人可能會覺得不要碰觸，不要談論就不會難過，但沉默只會把我們這份悲傷埋藏得更深，「死亡」雖然不幸，但對我們的人生有什麼意外的啟示？在這個過程中的成長又會是什麼？

處理未竟事務並連結正向回憶：當人的心中還有尚未完成、尚未解決的事務時，便會留下未竟事宜，這些未能表達的情緒經驗，容易使人感到焦慮、緊張或後悔，在處理完未竟事務後，我也帶著孩子以正向的態度去連結與爺爺之間的回憶，我們不需要告別、也不需要刪除，而是找到一個自己喜歡的方式持續愛著爺爺。

Chapter 06

家庭內的動盪

來自原生家庭的一切，
都深深影響著孩子

每個家庭都有自己的生活方式，
其中的孩子更是直接感受家庭帶來的一切。
給予的是愛還是傷害，
孩子都無法選擇。
家庭的穩定，
有助於孩子完整的人格發展，
也能在成長過程中，
更獨立、更自主。

目睹家暴，所留下的傷痕

大人的紛紛擾擾，都牽動著孩子的心

目睹家暴的孩子，
不只當下的身心反應必須留意，
也需要注意這些家庭暴力對孩子的長期影響，
家庭暴力在孩子心中留下的陰影與傷痛是隱性且長期的。

「您好，我這邊是學生諮商輔導中心。」

「貴校有位孩子為目睹家暴兒少，需要貴校再關心了解一下，謝謝。」

一早接獲教育局學生諮商輔導中心的來電，輔導員表示我們學校有位目睹家暴兒少，於是我趕緊連繫相關單位社工了解狀況，並通知導師，從導師那邊蒐集孩子在家及在校的生活訊息。

「真的嗎？哲偉他平常在班上都沒什麼異狀耶，也從來沒有提及過家裡的事。」

「那哲偉在班上的人際關係如何呢？」

「還可以，只是有時候跟同學在嬉鬧時會出現一些肢體碰撞。」

「嗯，好的，那我第四節再約一下哲偉，麻煩導師了，謝謝。」

孩子難以啟齒的羞愧

「嗨，哲偉，這是第一次進來諮商室嗎？」

「嗯。」哲偉沒有太多的情緒，只是對諮商室裡的擺設有點好奇。

「放輕鬆就可以了。」

「好。」

「你知道老師為什麼會找你來嗎？」

「不知道。」哲偉聳了一下肩。

「我會找你來，是因為我得知了昨天晚上爸爸和媽媽好像發生了一些爭吵？老師蠻擔心你的，所以才會想找你來聊聊。」

「嗯。」

「我不確定你現在的心情如何？但老師想讓你知道，不管發生什麼事，學校都會陪著你一起面對，老師也希望在學校裡可以有一個地方或一個人，聽你說說家裡的事，說一說心裡的想法與感受。」

透過這個邀請，我向哲偉傳達了「你不孤單」的訊息，對很多孩子來說，要接受或承認家裡發生暴力事件並不是件容易的事，孩子無法理解為什麼爸媽不相愛？為什麼我的家庭不甜蜜？為什麼愛我的兩個人會互相傷害？對於家庭暴力的孩子來說，家暴通常是一件難以啟齒的祕密，儘管目睹家暴兒少身上並沒有明顯的傷痕，但他們的心中卻是有一道道看不見的傷痛。

「痾……我也不知道。」哲偉想說點什麼，卻又不知道從何說起，於是我將步調放慢，陪著孩子一起覺察自己的情緒。

「面對爸爸和媽媽的吵架，你的心情還好嗎？」

「我也不知道，我只覺得好煩。」

「在煩些什麼事呢？」

「我不喜歡他們來煩我，整天在那邊吵來吵去的。」

哲偉的爸媽大約每個月都會大吵一次，幾乎都是為了錢的事，有時候還會把孩子拉進兩人的戰場中。當媽媽叫不動爸爸時，就會命令哲偉去傳話，然後爸爸再叫哲偉把話傳回來，兩人也會不斷地逼問他：「爸爸和媽媽誰才是對的？」在提及離婚的時候更會直接問哲偉：「你跟誰比較好？」、「你要跟誰一起生活？」等問題，這些問題都讓他感到煩躁、厭惡卻又無可奈何。

專輔老師這樣做……

儘管爸媽發生暴力衝突的當下哲偉不在現場，但還是可以在房間裡聽見兩人的爭吵聲及打鬥聲，孩子內心其實是很害怕的，曾經一度想跳出來當爸媽之間的協調者，但自己的能力不足，可能還會使爸媽為了保護自己而吵得更兇，所以只好將自己隔離在房間內，蓋住耳朵，試圖讓爭吵的聲音離自己遠一點，假裝沒有看見，也沒有聽見。

「你現在最害怕、最擔心的事是什麼？」

「可能怕他們會離婚吧。」

「如果可以，你希望爸爸和媽媽的關係如何？」

「不要再吵架了。」

家庭的暴力在孩子心中留下了恐懼與巨大的焦慮，這些恐懼來自於未知和無力，哲偉不知道爸媽接下來會變得怎麼樣？對於大人們之間的問題，想幫忙卻又無能為力，複雜的情緒不斷困擾著他，因為不想被其他人知道家裡的事，所以也不會向其他人說，家庭的暴力甚至讓他感到羞恥，充滿罪惡感，因此睡不好、吃不好，無法集中注意力上課。

練習漸進式肌肉鬆弛法

「好，那我們現在把焦點轉移到肩膀上，用力地縮起肩膀，讓肩膀慢慢地靠近耳朵，感受一下肩部肌肉的緊繃程度，用力一點，再用力一點，然後慢慢放鬆，慢慢放鬆，感受一下肌肉放鬆的感覺……」

為了讓哲偉放鬆，我帶著孩子進行「漸進式肌肉鬆弛法」練習，透過深呼吸與肌肉的緊繃與放鬆來學習舒緩壓力，我讓他在諮商室裡找到一個自己可以放鬆、安靜的角落，選個舒服的姿勢躺著或坐著，然後將身體每個部位的肌肉逐步的緊繃再放鬆，消除焦慮的情緒與壓力，除了漸進式肌肉鬆弛法外，我也搭配著其他放鬆訓練，如：腹式呼吸法。

體驗自由書寫法

進行身體上的放鬆後，我邀請哲偉試著自由書寫，以輕鬆、無拘束的方式隨意地寫下文字，創作一個屬於自己的「文字圖」。「文字圖」是藉由不停地快寫來讓人放下戒心，利用自由書寫的方式捕捉到每個人最原始、最真實的念頭，包含哲偉對家庭暴力的感受與想法。

「吵架」、「煩」、「打巴掌」、「驗傷」、「警察」、「幹」、「房間」、「電腦」、「安靜」、「錢」、「離婚」……哲偉寫下了很多詞句，回憶起爸媽那天晚上的爭吵，哲偉出現了許多困惑，暴力是正常的嗎？普遍的嗎？世界上是否根本沒有一個真正安全的地方？沒有值得信任的人？我也是不好的？不值得被愛的？

面對目睹家暴兒少，不只是孩子當下的身心反應必須留意，我們也需要注意這些家庭暴力對孩子的長期影響，家庭暴力在孩子心中留下的陰影與傷痛是隱性且長期的，孩子可能會因為過度驚嚇，一再地重覆出現壓力反應，形成創傷後壓力症候群；孩子可能會因為家暴事件的負面情緒困擾，進而出現自我傷害的行為；孩子可能會不自覺的模仿父母的暴力行為，在人際相處上出現人際社交等困難；

或是孩子可能會因為身在暴力家庭的不安全感，在未來成年後的兩性議題上容易疑神疑鬼、感到不安，錯誤的認同暴力行為，成為下一個施暴者或受虐者。

暴力是沒有藉口的

「爸媽吵架這件事，你覺得對自己有什麼影響嗎？」不論吵架的原因是什麼，我們都必須讓孩子知道暴力是沒有藉口的，暴力不能解決問題。「如果今天你跟對方發生爭執，對方開始大吼，你會怎麼做？」、「怎麼做會更好？」、「如果對方先動手了，當下你反擊回去，接下來會發生什麼事？」、「如果你不反擊，又會發生什麼事？」、「哪一個結果是你喜歡的？」、「要怎麼樣才能做到不反擊呢？」透過一系列的提問，我讓哲偉思考如何面對暴力的衝突？先離開現場，避開暴力，等待雙方情緒冷靜、緩和後再來談，在人際相處上，孩子也察覺到自己一方面會害怕與人發生衝突，一方面又會不自覺的經常與人出現肢體碰撞等行為，像是用拳頭去撞同學的背，這個覺察也使他開始去提醒自己，不要模仿暴力，因為暴力是他最不喜歡的樣貌。

我的安全計劃卡

協助孩子了解家庭暴力對自己的影響後，也要避免孩子不小心成為爸爸與媽媽之間的夾心餅，我邀請哲偉一起完成「我的安全計劃卡」。

「家庭暴力發生時，家裡有哪些地方是安全的？」、「哪些地方可以讓我感到安心？」、「如果需要求助，我可以用什麼方式求救？」、「這些方法的優缺點各是什麼？」、「有哪些大人可以幫

忙？」、「怎麼聯繫到這些人？」我們將這些討論的結果寫下來，整理成一張小卡並隨身攜帶著，讓哲偉隨時可以提醒自己如何自我保護，同時感到安心。

在輔導的實務現場中，長期的追蹤輔導也包含持續關心孩子的家庭狀況、擔任孩子的支持者，以及讓孩子知道自己並不孤單。另外，我會讓孩子知道家庭暴力這件事並不是孩子的錯，透過學校的活動來創造孩子更多的正向經驗及成就，提升孩子的自我價值感，並且強化這些保護因子。

記得在最後一次的晤談中，哲偉告訴我：「謝謝老師，我覺得每週的晤談時間就是我最放鬆的時刻。」當孩子有了一個出口，就會更有能量去面對家庭中的挑戰。

給家長的陪伴叮嚀

目睹家暴兒少的傷痛：對很多孩子來說，要接受或承認家庭暴力是件很困難的事，孩子無法理解為什麼爸媽不相愛？為什麼我的家庭不甜蜜？為什麼愛我的兩個人會互相傷害？家庭暴力通常對孩子來說是件難以啟齒的羞愧祕密，儘管目睹家暴兒少身上並沒有明顯的傷痕，但他們的心中卻是有一道道看不見的傷痛。

暴力是沒有藉口的：不論吵架的原因是什麼，我們都必須讓孩子知道暴力是沒有藉口的，暴力不能解決問題，透過一系列的提問讓孩子思考面對暴力的因應模式，「如果對方先動手了，當下你反擊回去，接下來會發生什麼事？」、「如果你不反擊，又會發生什麼事？」、「哪一個結果是你喜歡的？」

我的安全計劃卡：「家庭暴力發生時，家裡有哪些地方是安全的？」、「哪些地方可以讓我感到安心？」、「如果需要求助，我可以用什麼方式求救？」、「這些方法的優缺點各是什麼？」、「有哪些大人可以幫忙？」、「怎麼聯繫到這些人？」跟孩子討論後並整理成一張小卡，隨身攜帶著，讓孩子隨時提醒自己，同時也能感到安心。

家暴與管教的界線

春春期孩子需要的是理性的溝通

你是不是常常對著孩子說：「我是為你好。」
但往往這句發自家長內心的肺腑之言，
在孩子聽來是一種壓迫，
代表著爸媽不會聽自己說明，
也代表著自己沒有選擇。

「幹，我現在在朋友家。」
「我爸剛剛打我。」
「我今天晚上不會回家了。」
深夜十點多，Line 突然彈出了訊息，嚇得我從床上跳了起來。
「喂，育維嗎？」
「你還好嗎？剛剛發生了什麼事？」
「喔，就我爸不爽打我，我現在走來我朋友家求救了。」
「那你現在人怎麼樣？要不要我過去看看？」
「不用，我已經沒事了，老師妳不用過來。」
育維的語氣非常冷靜，也不太願意透漏太多細節，於是我只好先在電話裡確認他是否安全？有沒有傷口？然後隔天一早立刻與輔導主任到育維的朋友家載回孩子。

沒有人聽孩子說

家暴中心收到我們的通報後，很快地也派了社工到校訪視育維，經過社工專業的判斷後，此通報案不成立，社工說這只是單純的管教問題，會再聯繫爸爸，與爸爸進行合理的管教範圍溝通，協助父子之間有一個更好的溝通模式。
「幹，這樣也不算家暴喔？」
「都是導師害的啦，幹嘛一直打電話給我爸，是吃飽太閒喔，幹！」孩子憤怒地怒罵著。

原來是昨天晚上，導師打電話給育維的爸爸，告知育維在學校裡掐了同學的脖子，爸爸一聽到這件事後，就憤怒地抓起孩子的衣領，想警告他，只是沒想到他為了掙脫，不斷扭動，不小心整個人摔到地上，膝蓋瘀青，爸爸見狀後想再度抓起他，孩子這時憤怒地大聲吼叫：「你家暴我，我要打一一三，我要聲請保護令。」接著奪門而出。

「爸爸是第一次抓你的衣領嗎？」

「對。」

「當下的你很害怕、很恐懼？」

「對。」

「如果可以，你希望爸爸接到導師的電話後怎麼反應？」

「他可以先問我啊，讓我說明整件事。」

「嗯？」

「吼，老師，連妳也相信導師說的鬼話喔？」育維不屑地看向一旁。

「所以事實並非如此？」

「當然。」

「那你願意跟我說說看嗎？」

「算了，反正也沒有人會相信我說的。」

「我會聽你說，而且你說了我才會知道。」

原來那天育維掐同學脖子的事件是個誤會，但導師不相信，也不願意給他一個解釋的機會，就直接指控，讓育維更生氣的是連爸爸也一樣，問都不問就直接相信導師，所以孩子才會這麼激動地想證明自己沒有錯，甚至是想藉由打一一三來好好修理爸爸一頓。

專輔老師這樣做……

「老師啊，拍謝啦。」晚上我跟輔導主任一同家訪，育維的爸爸一見到我們就不斷道歉，爸爸無奈地嘆了口氣：「唉，現在的小孩動不動就打一一三，到底該怎麼教？」爸爸表示自己接到導師電話後，覺得丟臉又生氣，所以才會一氣之下抓住孩子的衣領想教訓他，只是沒想到他的反應這麼激烈，爸爸也很後悔當下太過衝動，現在也不知道該怎麼辦才好？

是合理管教還是家暴？

家長在管教孩子時到底該怎麼拿捏界線呢？其實在法律中父母是有懲戒權的，根據《民法》第一〇八五條：「父母得於必要範圍內懲戒其子女。」這個必要範圍，根據台北高等行政法院九十九年度訴字第一九六五號判決「懲戒必須在必要範圍內為之，而何謂必要之程度，應按未成年子女之家庭環境、性別、年齡、健康及性格、子女之過失輕重，及社會上之一般客觀通念定之。至於未成年子女之父母主觀上認知子女行為偏差，施以懲戒，亦不能逾越社會上一般公認之客觀評價。」

依《兒童及少年福利與權益保障法》第四十九條規定，如果父母對孩子有以下行為就會被認定為管教過當，這些行為包含了遺棄、身心虐待及迫使少年處於對其生命、身體易發生立即危險或傷害之環境等，當家長刻意以暴力或言語傷害孩子的身心，或是施予不可忍受的傷害或痛苦在孩子身上時，就有可能會構成家暴事件，而此時公權力就會介入以維護子女的權益。

千萬別說，我是為你好

「我也是為了育維好，萬一他以後真的掐同學脖子怎麼辦？」育維的爸爸知道自己情緒來得太快太急，這個衝動傷害了孩子的心及自尊，但爸爸也很擔心如果自己沒有嚴厲一點，會不會造成更不可收拾的後果？因此爸爸在管教上才會刻意以一個嚴父的形象來大聲怒斥孩子，希望能讓孩子感到恐懼而不敢犯錯。

「我是為你好。」這句話是家長在管教孩子時最常出現的經典名言，而青少年偏偏就是最討厭這句話，這句話不但會讓孩子們有被壓抑的感覺，也似乎宣告著爸媽說的話才是對的，不能有任何的協商或質疑，青春期的孩子需要的是理性的溝通與對話，所謂的理性溝通也並非成為碎碎念的「道理公」或「道理婆」，而是以「引導」的方式取代「命令」，如果青少年能在關係中盡情地分享自己的想法與感受，清楚了解自己的行為後果，進而明辨是非對錯，就擁有重新更正的機會，如果青少年無法在親情中獲得被了解、被支持，就容易往其他地方尋求歸屬感，認定父母的管教只是在發洩自己的情緒，因而讓親子關係更加的惡劣。

在了解育維及爸爸的想法後，我也將兩人的感受傳達給對方知道，在兩人之間建立一個正向的橋梁，我帶著孩子重新思考與爸爸之間的關係，我告訴他，如果不喜歡這樣的爸爸，兩人之間一定要有一方先動起來，做點不一樣的事，改變才有可能發生，最後我們決定從一封訊息開始。

我陪著育維一次又一次的修改訊息內容，模擬了爸爸可能回覆的各種版本，最後終於鼓起了勇氣，發出這封訊息：「爸，那天晚上的你好可怕，如果可以，我希望你能先聽聽我說。」沒想到，訊息一發出，爸爸立刻就已讀、回覆：「嗯，我知道那是誤會了，下次我會聽你說。」短短的一句話，卻讓孩子很感動，因為這是爸爸第一次說出這麼溫柔的話，沒有責備，也沒有批評，這也是孩子第一次跟爸爸靠得這麼近，第一次對爸爸說出自己的感受，這是過去從來都沒有過的經驗。

成為孩子心中不一樣的大人

有時候家長在管教孩子時，可能會因為不了解孩子的特質、缺乏有效的介入技巧、無法客觀判斷，或是對自己的管教能力沒有自信而不知道該怎麼管教？其實適時的讓孩子知道自己的感受與想法也是重要的，不要害怕對孩子說「抱歉」，因為孩子也希望能更了解爸媽在想什麼。

青春期的孩子需要自主的空間，正處於「自我統整與角色混淆」的發展階段，需要透過不斷地嘗試與冒險來認識這個世界，進而形成一個自己的價值體系，所以適當地允許孩子從事健康的冒險，可以避免孩子進行其他更危險的活動，父母是孩子最早的學習對象，不論是行為或態度，都會影響孩子社會化的人格發展，如果育維的爸爸習慣以暴力或怒吼方式來管教育維，那麼育維也可能會在這過程中學習以偏激的方式來表達自己的情緒。

行為是學習的產物，行為具有可塑性，孩子的行為是可以被改變的，當孩子出現我們所期待的行為時，我們可以給予孩子喜歡的獎賞，或是移除孩子不喜歡的事物，促使孩子出現我們所期待的行為，即為「正增強」與「負增強」，以正向語言取代負向語言，以「準時」取代「不遲到」、以「回家」

取代「出去鬼混」，讓孩子將注意力聚焦在我們所期待的行為上。

青春期的孩子既不是小孩也不是成人，正處於轉變期的尷尬位置，情緒與行為較為不穩定，父母在管教上也比較容易感到無力、親子關係緊繃，孩子會覺得爸媽不夠了解自己，爸媽也會覺得孩子難以理解，但只要傾聽孩子，給孩子一些獨立的自主空間，不批評孩子的選擇與判斷，孩子自然也會願意接納父母，與父母聊聊自己的困惑或擔憂，這時候我們也才有機會從中去引導孩子，協助孩子在各種困境中找到解決問題的方法與自我價值。

給家長的陪伴叮嚀

合理管教與家暴：家長在管教孩子時到底該怎麼拿捏界線呢？在法律中父母是有懲戒權的，但必須在合理的必要範圍內懲戒子女，當家長刻意以暴力或言語傷害孩子的身心時，或施予不可忍受的傷害或痛苦在孩子身上，就有可能會構成家暴事件，而此時公權力就會介入以維護子女的權益。

別再說「我是為你好」：「我是為你好。」這句話不但會讓孩子們有被壓抑的感覺，也似乎宣告著爸媽說的話才是對的，不能有任何的協商或質疑，青春期的孩子需要理性的溝通與對話，以引導的方式取代命令，在關係中盡情地分享自己的想法與感受，清楚了解自己的行為後果，進而明辨是非對錯，並擁有重新更正的機會。

成為孩子心中不一樣的大人：青春期正處於「自我統整與角色混淆」的發展階段，需要不斷地嘗試與冒險來認識這個世界，進而形成一個自己的價值體系，父母是孩子最早的學習對象，不論是行為或態度，都會影響孩子社會化的人格養成，如果家長習慣以暴力管教孩子，孩子也會在這過程中學習以偏激的方式來達到自己的目的。

別讓孩子當小大人

孩子該充分享受童年成長的快樂與滿足

懂事的孩子的確能夠幫忙父母不少，
但是「親職化」的現象，
對孩子不見得是好事。
家庭成員有各自需要肩負的責任，
大人的責任與承擔，
不該由孩子來負責，
在成長過程中孩子也容易忽略自我。

「您好，我是宜雯的輔導員。」

「是這樣的，宜雯昨天晚上突然打電話給我……」

一早八點多輔導員突然來電，疑似是因為昨天晚上有人到宜雯家裡討債，她很擔心爸爸和弟弟的安全，於是第一時間打電話向輔導員求助。

沒多久，學校的鐘聲響了，宜雯揹著書包走進了輔導室，臉色非常難看，臉上還殘留著幾滴淚水。

「宜雯，到底發生了什麼事？」我緊張地詢問著。

「老師，我昨天晚上已經跑出去籌到兩萬塊的現金了。」

「兩萬塊！」

「嗯，我今天其實也不想來學校，老師，我可以偷跑出去繼續籌錢嗎？」

我意外地看著宜雯，雖然她想繼續在外面籌錢，但還是到校了，為了確保孩子今天不會突然跑出校門，做出違反校規的行為，我先讓她待在輔導室裡休息。

「除了妳之外，還有沒有其他親戚朋友可以幫忙家裡呢？」

「沒有吧？或許姑姑可以幫忙。」

「那姑姑知道這件事情嗎？」

「應該還不知道，老師，我可以先傳訊息給姑姑嗎？」

「嗯。」

為了讓宜雯的情緒冷靜下來，我讓她先傳訊給姑姑。

「老師，那我等一下也可以去找弟弟說一下這件事嗎？」

「妳想說些什麼呢？」

「因為弟弟昨天也有看到討債的人，我怕他會擔心。」

「好，那老師陪妳一起去找弟弟。」

宜雯的弟弟在同校就讀，但因為昨天晚上太過緊張，她一心只想趕快跑出去找朋友籌錢，所以還沒有機會跟弟弟說到話。宜雯希望弟弟不要太擔心，也不要一直再跟爸爸拿錢，自己乖一點，不要一直惹事。

專輔老師這樣做……

由於導師希望宜雯能回班上上課，所以我也鼓勵孩子回到班級，但進教室約莫十分鐘後，班上的同學就緊張地跑出來。「老師，宜雯上課上到一半衝出教室了，現在不知道跑去哪裡了。」我趕緊聯繫學務處與警衛室，並跟著班上的同學一起找，最後終於在四樓的女廁中找到她。

孩子想擔起照顧家庭的責任

「宜雯，我是輔導老師。」孩子將自己反鎖在廁所裡，聽到我的聲音後便不斷啜泣。

「老師，我還是好擔心、好害怕。」

「嗯，老師知道妳很擔心、很害怕，我們一起來想辦法好嗎？」我一邊安撫著，一邊預防宜雯可能有自我傷害的行為出現，最後在跟導師的協調後，導師也同意今天一整天先讓孩子待在輔導室裡，以減輕壓力。

「宜雯，老師會先聯繫一下爸爸了解狀況，妳先不用擔心，然後我也會聯絡輔導員，跟輔導員討論可以提供什麼協助？如果有需要的話，也會幫忙報警或連結社工資源，老師會陪著妳一起面對問題的。」

「嗯。」宜雯點點頭。

「而且家裡的事也不是妳一個人就可以解決和面對的，不要給自己這麼大的壓力。」

「嗯，但我還能幫忙做些什麼呢？」

「妳昨天晚上立即的打電話給輔導員求助，就是一件妳能幫忙的事，因為債務本身會涉及許多複雜的糾紛，這能避免妳涉入危險。」

「但我還是很想幫忙。」

「妳現階段能做的事，就是做好自己的本份，包含待在學校裡和上課，不要讓爸爸或姑姑需要額外替妳操心，這是最好的幫忙。」

「親職化」現象

由於宜雯從小就跟爸爸和弟弟一起生活，家中缺乏母親的角色，為了減輕爸爸的負擔，會幫忙照顧弟弟的生活起居、叫弟弟起床上課、幫弟弟買早餐、煮晚餐給家人吃，甚至是整理整個家務，姊代母職。

也因為這樣，宜雯漸漸承接下家庭中主要照顧者的責任與情緒，即為心理學上常常稱的「親職化」（Parentification）現象，亦即在家庭中擔任「小大人」的角色。這類的孩子會過於早熟去分擔家裡的工作，承擔親職任務與情緒，將自己視為家庭的守護者或照顧者，把親職的角色內化，進而延宕了「自我分化」的進程，導致自己與原生家庭分化不足，如果反映在親密關係中，孩子會無法看見自己在親密關係中的需求，並且失去童年應有的快樂與滿足，容易忽略自我，甚至是會對自己的需求感到羞愧、自責，出現情緒障礙等困擾。

親職化的孩子必須將原本屬於父母親的責任還回去，騰出一個空間去建立一個健全的自我，也因為這樣，我告訴宜雯這些事情與壓力都不是她一個人可以去面對的，也不是她一個人應該去承擔的，必須將某些責任歸還給爸爸，並且相信著爸爸。

「宜雯，妳要不要試著先讓爸爸知道妳的擔心跟害怕呢？」

「但我要怎麼跟爸爸說呢？」

「如果妳不知道怎麼開口，我們也可以試試看用寫的方式來說。」

我給了宜雯一張信紙，讓她把自己的心情跟想法都寫在這封信裡，告訴爸爸心中的擔心與害怕，同時也可以透過書寫來整理自己的情緒與想法。

「親愛的爸爸：

昨晚我看到家裡面有人來討債，我知道家裡好像欠了一些錢，我希望爸爸可以把家裡遇到的事情說出來，我們一起面對，我不希望爸爸是自己一個人去面對的，因為你在我心中是最勇敢的爸爸，不用害怕，也不要自己一個人，我愛你。」

原來是恐懼的惡魔

寫完這封信後，我也終於聯繫上了宜雯的爸爸，爸爸聽到這件事情後非常震驚：「蛤？什麼？根本沒有這麼嚴重啦，是她太誇張了啦。」

「喔？原來是這樣？」

「對啊，她唸好自己的書就好，不要一直胡思亂想的。」

「嗯，不過孩子一看到這種狀況會感到害怕是正常的，我們也可以從這看到宜雯對爸爸的關心與愛，如果可以的話，也希望爸爸回家後可以再跟孩子好好聊聊，讓她安心一點。」

隨後，我也趕緊向宜雯澄清這件事。

「蛤？真的嗎？所以真的不是有人來討債？」

「對啊，不過妳今天還是可以把這封信交給爸爸喔，跟爸爸聊聊妳的擔心。」在知道這件事是個誤會後，宜雯也終於露出了笑容。

一個禮拜後，宜雯都沒有再提起討債的事了，很開心地向我分享上個週末跟爸爸和弟弟一起到遊樂園玩的事，這是她第一次向爸爸說出想一起出去玩的心願，爸爸還特地請假一天。「老師，我跟妳說喔，我爸看完那封信後居然哭了，而且他還買了我們一起在遊樂園拍的全家福，把全家福跟那封信一起護貝貼在房間的牆壁上。」、「我希望我畢業後可以讀餐飲科，學做好吃的菜給爸爸跟弟弟吃。」

「嗯，宜雯，妳還記得妳第一次到諮商室的模樣嗎？」

「還記得啊，很好笑。」孩子噗哧笑了出來。

我帶著宜雯回顧自己的輔導歷程，因為她一開始會來到輔導室，就是因為跟爸爸之間的衝突與對立，只是沒想到自己最大的改變，也是來自於爸爸，家裡的危機事件讓爸爸看到了她細膩的心思與愛，一直為家裡付出的她也終於敢說出自己的需求與渴望，這都是這段時間的成長與改變。

「以前的我總是擔心那樣做好嗎？這樣做好嗎？會不會被喜歡？動不動就太衝動。」

「嗯。」

「最近班上也有很多人問我為什麼轉變這麼大？我想應該是因為我發現很多事情根本不用擔心太多，開心最重要。」

「現在的妳已經有更多的能量，去面對生活的困境。」

「嗯。」

「如果今天要送自己一句話，妳想跟自己說些什麼呢？」

「我想跟自己說，今天踏出諮商室，過去的困難及不開心就都過去了，從現在開始我就是全新的林宜雯。」孩子開心地笑著。

給家長的陪伴叮嚀

讓孩子知道他能做的事：當家裡發生巨大事件或危機時，孩子們都會擔心、焦慮或害怕，無心於課業或其他事物，孩子總是希望自己能幫上什麼忙，以減輕家裡的負擔，這時我都會告訴孩子，他最大的幫助就是把原本該做的事情做好，不讓其他人為他操心，做好當下能做的事可以增進孩子的勝任感及安全感，讓孩子知道這些危機不是他一個人就可以解決和面對的。

「親職化」現象：親職化孩子在家庭中擔任「小大人」的角色，這類的孩子會過於早熟去分擔家裡的工作，承擔親職任務與情緒，將自己視為家庭的守護者或照顧者，把親職的角色內化，進而延宕了「自我分化」的進程，導致自己與原生家庭分化不足，如果反映在親密關係中，孩子會無法看見自己在親密關係中的需求，失去童年應有的快樂與滿足，並且容易忽略自我，甚至是會對自己的需求感到羞愧、自責，出現情緒障礙等困擾。

解開孩子的負向共依附枷鎖

孩子需要的愛，必須同時保有獨立與自主

爸爸媽媽都希望孩子獨立自主，
但有的家庭，主要照顧者會不自主地鼓勵孩子有負向依附，
讓孩子更加依賴，
長久下來會影響孩子的人際關係，
失去自主能力，甚至退縮。

「那恁老母的代誌啦。」

「叫恁老母回來處理啦。」

佳慧升上國中後就長期病假，我陪著導師進行家訪，阿公坐在沙發上看電視，一見到我們是學校的老師，開始抱怨起來。

「佳慧每天都說頭痛、肚子痛，我看乾脆不要讀書了啦。」

「這沒辦法喔，阿公，因為國中是義務教育，不能不讀。」

「細喔，那要怎麼辦？」

「阿公，你有帶佳慧去看醫生嗎？」

「不用看啦，她在家裡都一直在滑手機，當然頭痛。」

「細喔？」

「黑啊，而且我也沒錢帶她去看醫生啦，我都找不到她媽媽，她媽媽都不拿錢出來。」

「喔？所以佳慧的媽媽不住在這裡嗎？」

「黑啊，想回來的時候就回來，想不見的時候就不見，誰都找不到，唉，怎麼可以那麼不要臉？學費跟生活費都我在幫她付的。」

這時佳慧走到了客廳來，但似乎早已習慣阿公對媽媽的這些批評。

家庭鬥爭下的孩子

「我覺得我阿公說的沒有錯啊，她三不五時就會人間蒸發。」

「妳說媽媽嗎？」

「對啊，我小時候超恨她的，也超想找她算帳的，因為阿公說她當初原本是想拋棄我的，只是後來沒有。」

「所以妳很恨媽媽嗎？」

「嗯。」

「那現在呢？還會想跟媽媽見面嗎？」

「還好，但我也真的不曉得她的行蹤，我猜她應該也不會想回來了吧？小時候到現在我只跟她見過四、五次面，其他時間都是講電話，現在她也不太會接電話了，除非是阿公恐嚇她要報社會局，她才會接。」

「那妳跟媽媽之前大概多久講一次電話呢？」

「一個月一次吧，反正我現在也不太會打給她，而且我會在電話裡嗆她，因為我覺得她很不負責任，讓阿公這麼辛苦，現在我只希望她可以準時寄錢回來就好。」

佳慧對媽媽也有很多的憤怒跟不滿，認為媽媽是個不負責任的母親，一心只想著自己，想回來就回來，想消失就消失。

專輔老師這樣做……

「佳慧，那是什麼原因讓妳不想到校呢？」

「因為我不爽學校裡的那些敗類啊。」

「敗類？」

「就那些嘴賤的同學啊。」

「妳們之間有發生什麼事嗎？」

一問之下，我才知道原來是佳慧之前在網路上跟同學起了一些爭執，同學們在聊天室裡直接嗆她是個沒有媽媽的小孩，讓她非常憤怒，從此之後只要一提到上學，就會全身不舒服，不想到學校見到那些同學們。

孩子真的認識媽媽嗎？

「那妳有告訴他們妳不喜歡聽到這些話嗎？」

「沒有。」

「為什麼呢？」

「因為我不敢，而且我覺得他們說的也是事實。」佳慧低下頭來。

「嗯，所以妳還是很在意媽媽不回來這件事吧？」

「我也不知道，我只希望她不要一直消失……」說完後，孩子嘆了一口氣。

「妳對媽媽的認識有多少呢？」

「認識？」

「嗯，老師會這樣問是因為感覺妳對媽媽的認識，大部分都還來自阿公及其他人，老師想知道妳跟媽媽之間有什麼共同的回憶？」

「嗯……我好像根本不認識我媽吧？」

「喔？所以之前妳都是透過阿公聯繫媽媽的嗎？」

「嗯，都是阿公先幫我打給媽媽的，通了才給我聽。」

「那妳會想主動聯繫媽媽看看嗎？」

「不知道，而且阿公可能也不會把媽媽的電話給我吧？」

跟孩子談完話後，我主動找了阿公商量，希望能將媽媽的聯繫方式給佳慧，讓孩子在想要聯繫媽媽的時候可以主動聯繫，與媽媽之間有更多的連結。

過了幾天後，「老師，我跟妳說，昨天母親節，我打電話給我媽媽了。」

「那媽媽有接嗎？」我緊張地問著。

「有，這是我們有史以來講最久電話的一次，大概一分多鐘吧，我有跟她說母親節快樂，雖然口氣還是沒有很好，但是我覺得我對她的恨有比較少了，因為她說她很後悔年輕時對我做的事，很對不起我。」

「哇，這是一件很棒的事呢。」

「嗯，我也沒料到，我看天都要下紅雨了吧！」孩子露出了一抹微笑。

共依附的枷鎖

這通電話是佳慧第一次聯繫媽媽，也是媽媽第一次接到佳慧的來電，不同於以往，都是那些指責、怪罪或跟金錢有關的話題，在將「阿公」這個中間傳遞者拿掉之後，兩人之間開始有了新的連結與對話，佳慧對媽媽的印象也開始有了改變，過去她認定媽媽就像阿公所描述的，是一位不負責任的母親，拋棄這個家庭、不愛這個家，但是當有機會親自聽到媽媽說著自己的故事之後，才發現事實並非如此。

「原來媽媽也會關心我的身體和健康，還叫我要認真讀書。」

「這跟我們原本以為的都不一樣。」

「對啊，害我整個好矛盾。」佳慧開始泛淚。

過去佳慧怨恨媽媽拋棄自己，拋棄這個家，但在聽到媽媽的道歉後，她陷入了矛盾，心中開始有了想要媽媽關愛自己的渴望，但她又會認為自己必須站在阿公那邊，支持著阿公，跟著阿公一起繼續指責媽媽、討厭媽媽，這樣才不會辜負阿公對自己的照顧與疼愛。

對於照顧佳慧這件事，阿公雖然有付出，但內心也是有很多的不甘願。阿公認為佳慧的媽媽應該要負起全責，不能就這樣放著不管，在金錢上也必須提供協助，但阿公同時又擔心孫女有一天會跟著媽媽走，離開自己，阿公也需要被陪伴，於是逐漸地讓她更依賴自己，反向的「鼓勵」佳慧，使孩子漸漸缺乏獨立與自主的能力，在人際關係中變得更加退縮，不敢去爭取或捍衛自己的權利，遇到困難時逃避面對，只敢躲在背後，阿公與佳慧之間就形成了一種負向的「共依附」關係，互相依賴著彼此。

跟著孩子走到心中的那附近

為了削弱這種負向的共依附現象，我希望能有更多的機會讓佳慧可以去學習獨立與自主，所以在跟社工討論後，我們鼓勵她到中途學校就讀，透過學校的宿舍生活，讓孩子有機會嘗試與學習，同時也能在彈性又多元的課程中找到自己的興趣與目標，透過生活刺激來促進生活學習，在參觀完學校後，她也很喜歡那邊的環境，於是很快的就決定入住。

「我們原本約好下午在車站集合，結果一直等不到人，打給阿公後，才知道阿公不准她出門搭車。」社工原本跟佳慧約好週日要一起搭車前往中途學校，但阿公卻突然反悔，不准孩子出門，阿公抱怨中途學校的孩子都是壞學生，不願意聽社工解釋就掛電話，於是我連忙跟社工一起到了佳慧家，想聽聽孩子的想法及感受。

「其實我很喜歡那邊的環境和上課內容，在那邊我可以做自己，我知道怎麼去捍衛自己的權利，這些都是在原本的學校裡我不敢做的。」

「那妳有讓阿公知道這些嗎？」

「沒有。」

「為什麼呢？」

「因為我會想家，我覺得我離不開阿公，也離不開這個家。」佳慧低著頭，不敢看我們。

「嗯，沒關係，但至少妳找到了自己想要的樣子了。」我們給了佳慧一個大大的微笑。

儘管最後沒有到中途學校就讀，但這次的經驗也讓佳慧有機會去看見自己的能力，找到自己喜歡的樣貌，並且努力成為這樣的人。

佳慧回到原本的學校後也開始嘗試擔任領導者的角色，面對同學的惡意攻擊，也更懂得去回應自己的情緒，過去在家庭中找不到自己的定位，導致在人際互動上也常常看不見自己的需求，儘管內心有很多憤怒或難過，還是選擇退縮、壓抑，甚至是抗拒到校，但在跟媽媽有了新的連結後，也開始去思考自己的人生，怎樣的選擇才不會讓自己後悔？儘管有時候阿公還是會潑冷水，但佳慧已不會再被阿公輕易影響，因為她很清楚自己的人生必須由自己決定，自己有能力去決定自己的人生樣貌。

給家長的陪伴叮嚀

消除負向的「共依附」：在負向的共依附現象中，孩子可能會更加的依賴主要照顧者，漸漸失去獨立與自主的能力，在人際關係中變得更退縮，不敢爭取或捍衛自己的權利，遇到困難時選擇逃避，主要照顧者或許也需要孩子的陪伴與親密，在無意識中鼓勵著孩子的負向依附，使得孩子更無法發展出獨立的能力。

跟著孩子走到心中的那附近：當孩子不清楚自己的人生方向時，我們也不用太著急，只需要陪在孩子身邊，跟著孩子走到心中的那附近即可，讓孩子多方的探索，看見自己的能力，找到自己喜歡的樣貌，並努力成為這樣的人，因為人生必須由自己決定，我們每個人都有能力去創造屬於我們自己的人生樣貌。

離婚，是孩子的世界末日

孩子再小，都需要父母一起說明離婚

父母雙方的離異，
對孩子來說是很重大的改變。
大人切勿因為孩子還小或是自己情緒尚未平復，
而不對孩子說隻字片語。
其實，孩子不論多小，
都是有感覺、有感情的，
必須要坐下來和孩子好好說明。

「天宇剛剛想拿美工刀割自己。」

「現在在學務處大吼大叫。」

「我們把他帶上來了。」

導師緊張又快速地描述完整個午餐時間所發生的事情。

打開諮商室的門後，我看見天宇躺在沙發上不斷哭泣，判斷孩子手上沒有任何危險物品後，我坐在一旁靜靜地陪他。「天宇，你還好嗎？」、「我感覺到你非常的難過。」、「雖然我不知道發生了什麼事，但如果可以，就好好地哭一哭吧。」

一個小時過後，天宇的情緒逐漸緩和下來，我開口詢問：「發生了什麼事？」在孩子的傾訴中，這才知道原來他一直覺得自己是個沒有人要的垃圾，覺得人生沒有意義，覺得好累，也撐了好久。

「今天中午吃飯的時候心情突然很阿砸，不知道該怎麼辦？所以我就拿美工刀割一下自己，看會不會輕鬆一點。」、「但還沒割就被同學發現了。」、「原本我以為我都放下了，也一直跟周圍的人說『我沒事』……」、「結果我什麼都想起來了，我想起了媽媽帶我跟姊姊出去玩，媽媽丟下我們。」、「這些年我都在忍耐，我都沒有向任何人說過這些心裡話。」、「當初就是因為我的一句話，害媽媽離開我們。」、「為什麼我要這麼誠實？害我的家庭破碎。」、「我是爸媽離婚的罪人！」

孩子誤以為是自己的錯

天宇的爸媽是在他國小時離異的，爸媽當初並沒有向他說明離婚的原因，所以天宇也不曉得他們之間究竟發生了什麼事？在孩子的小小世界中，他只能根據自己所看到及所聽到的去猜測，努力找出一個合理的解釋，來說明為什麼爸媽離婚？然後不斷檢視自己，是不是自己做錯了什麼事？是不是自己不夠乖？是不是因為自己說錯了什麼話？所以爸媽才離婚的，爸媽的離婚讓他漸漸地把自己封閉起來，或許不去碰觸，就可以假裝什麼事情都沒有發生過。

「我看到你不斷在壓抑自己、逃離這一切。」同理天宇的情緒後，我告訴他：「媽媽的離開不是你的錯，也不是你造成的，你不需要為爸媽的離婚負責任。」接著我讓孩子知道現在的他不是一個人的，也不是孤單、寂寞的，會有我陪他一起面對，希望他不要再做出傷害自己的行為。

「你可以跟我談談爸媽離婚這件事嗎？」對天宇來說，這是第一次有一位大人這麼認真地邀請他談爸媽的離婚，一直以來他都將自己視為爸媽離婚的罪人，無法接受媽媽的離開。

專輔老師這樣做……

爸爸在知道天宇的反應後非常訝異，因為在離婚的前後，他都沒什麼情緒出現，還是一樣的懂事、認真，所以爸爸也不覺得這件事對天宇有什麼影響，只是自從升上國中後，孩子在學校的偏差行為愈來愈多，爸爸也一直認為可能是因為進入了叛逆期，完全沒想到原來這是天宇想引起爸爸和媽媽的關注。

面對父母的離異，天宇感到不安、焦慮，擔心爸媽不再愛自己、擔心自己即將成為沒爸爸或沒媽媽的小孩、擔心沒有人在乎自己、焦慮未來的生活，自責自己表現得不夠好、自責自己無力挽救爸媽的婚姻，父母不願意再和自己一起過幸福快樂的日子。

天宇很愛爸媽，但也很恨爸媽，希望能藉由在學校惹事讓爸爸生氣，讓媽媽回到身邊，同時他也想打工賺錢來逃離這破碎的家庭。在理解孩子的想法與感受後，我鼓勵爸爸跟天宇有個正向的親子對話時間，爸爸也願意很認真地給孩子一個完整的時間，讓他好好說說心裡的感受，提問心中所有的疑問，另外爸爸也同意孩子聯繫媽媽，向媽媽表達自己的思念與愛。

給孩子完整的時間去接納

離婚對很多夫妻來說可能只是一個決定，但對很多孩子來說可能是個世界末日，孩子面對父母的離異都會伴隨著許多情緒與感受，需要被重視與陪伴，根據內政部統計，民國一〇七年台灣的離婚對數共五萬四千四百〇二對，平均每日離婚對數約為一百四十九對，在我的實務工作中也有高比例的離婚子女，孩子必須面臨父母、親子、手足和親友的家庭結構轉變，還要面對同儕的眼光，然而離婚階段中的大人們通常只能將注意力放在處理自己的情緒及生活上，根本無法細心地去留意到孩子的身心適應狀況。

很多家長會認為孩子還小，等孩子長大了再告訴他，因為不知道怎麼開口而選擇欺騙孩子，或是什麼話都沒說直接離開，其實不管孩子的年齡多小，都能感覺到家庭的變化，如果孩子心中的那些疑惑沒有得到解答，就會持續地壓抑在心中。

我們需要給孩子一段時間沉澱與接納，做好「離婚告知」可以降低離婚對孩子的負向衝擊，離婚告知是一個持續的過程，必須隨著孩子的身心發展反覆進行，也並非一次就可完成。

做好「離婚告知」

離婚告知包含八個重點，分別敘述如下：

整理離婚的心情：面對婚姻的破裂，夫妻雙方一定會有很多情緒需要整理，在尚未整理好自己的情緒前，請先不要向孩子說明離婚的原因，避免我們的情緒擾亂孩子，待整理好自己的狀態後，再好好地向孩子說明離婚原因。

雙方共同告知：夫妻雙方必須一起告知孩子離婚的訊息，如果雙方無法共同告知，雙方的說法也必須一致，先有共識再告知，避免將孩子捲入大人們之間的鬥爭，也不要把孩子當成傳聲筒或是懲罰對方的工具，不使用情緒性字眼，讓孩子知道這是爸媽共同討論決定的。

這不是你的錯：避免孩子有錯誤的歸因，我們必須讓孩子知道離婚不是孩子的錯，也不是孩子造成的，爸爸和媽媽已經做了很多努力，但因為價值觀的不同，許多問題無法解決，相處得不快樂，所以才共同決定離婚，離婚之後孩子還是可以同時享有爸媽的愛和關心，不需要在雙方之間作出抉擇。

讓孩子說說自己的感受：安排自己與孩子都感到舒服自在的環境，以孩子能夠理解的語言說明離婚，同時也讓孩子說說自己的感受與想法，允許孩子出現各種情緒來處理失落與悲傷，當孩子的情緒能被父母穩穩地接住時，孩子就會有被重視的感覺，感受到父母不變的愛。

減少失去與失落：離婚本身對孩子來說就是一種失落，所以要盡量避免再去造成孩子生活上的改變，盡量讓孩子可以繼續在原校就讀，繼續保有原本的同儕團體，允許孩子愛著雙方，與雙方保持聯繫，在擁有雙方的愛與資源下，孩子較能夠快速適應父母離異後的生活。

未來生活的規劃：與孩子討論未來生活的規劃，讓孩子清楚知道父母離異後的生活樣貌，何時跟爸爸見面？何時跟媽媽見面？會跟誰住？住在哪裡？一一說明這些人、事、時、地、物，將有助於增強孩子的內在安全感。

合作式父母：離婚後雙方也需要建立一個新的關係來共同扶養孩子，給予對方應有的禮貌與尊重，雙方的親友也應該態度一致，避免互相攻擊，鞏固好孩子們之間的手足關係，讓孩子們的手足關係也能成為一股相互扶持的力量。

愛的保證與抱抱：持續關心孩子的情緒，給予孩子愛的保證與抱抱，讓孩子感到安心，離婚對孩子來說是件很大的衝擊，我們必須陪伴孩子面對生命中每一個階段的情緒，讓孩子在父母離異後也能快樂地成長、完善地發展，這是一項不簡單的任務。

給家長的陪伴叮嚀

告訴孩子「這不是你的錯」：肯定地告訴孩子，媽媽或爸爸的離開不是你的錯，也不是你造成的，你不需要為爸媽的離婚負責任。在孩子的小小世界中，孩子通常只能根據自己所看到或所聽到去猜測，努力找出一個合理的解釋來說明為什麼爸媽離婚？孩子容易自責是不是自己做錯了什麼事？是不是自己不夠乖？是不是因為自己說錯了什麼話，才導致爸媽離婚的？

離婚是孩子的世界末日：「離婚」對很多夫妻來說可能只是一個決定，但對孩子來說可能是個世界末日，孩子面對父母的離異都會伴隨著許多情緒與感受，孩子必須面臨父母、親子、手足和親友的家庭結構轉變，還要面對同儕的眼光，所以我們必須認真去正視孩子的情緒，與孩子談談離婚的意義。

做好「離婚告知」：做好「離婚告知」可以降低離婚對孩子的負面衝擊，離婚告知是一個持續的過程，必須隨著孩子身心發展反覆進行，也並非一次就可完成，其中包含整理離婚的心情、雙方共同告知、這不是你的錯、讓孩子說說自己的感受、減少失去與失落、未來生活的規劃、合作式父母，以及愛的保證與抱抱。

Chapter 07

那些中輟、拒學的孩子

他們只是需要陪伴，需要一個亮點

輟學、拒學，其實是孩子逃避壓力下的因應模式，
壓力源可能來自心理、生理、家庭或生活。
我們需要家長與老師們的合作，
一起找出孩子拒學、輟學背後的真正原因，
滿足孩子心中的需求與匱乏，
讓孩子重新走回教室。

一上學就全身不舒服

拒學只是表徵，探究背後的成因更重要

拒學的孩子，
背後的原因相對複雜，
往往需要花上許多時間來理解、陪伴。
學校、家庭和孩子本身，
三方必須一起努力，相互配合，
才能讓孩子再度無懼地走入教室。

「我頭痛不舒服。」

「我胃痛不舒服。」

「我全身都不舒服，想請假。」

這是姿瑩開學以來第五次請假了，導師發覺孩子的請假次數愈來愈多，不太對勁，最近更是一週請了三天，擔心她有拒學的傾向出現，於是請我一起陪同家訪。

跟導師詳談之後才知道原來這個月姿瑩已經請過一次長假了，一開始的確有嘔吐的症狀出現，也有開就醫證明，但休息了一段時間後症狀已明顯改善，孩子卻還是不斷請假在家。

一提到學校就不舒服

第一次見到姿瑩，戴著口罩，有點靦腆。姑姑表示孩子從小身體狀況就不好，也不喜歡讀書，只要一提到上學，就會馬上病懨懨的、不舒服，但其實她大部分的時間都是在家玩手機、看劇。

「嗨，姿瑩，我是妳們班的輔導老師，妳的身體有比較好一點了嗎？」我跟孩子單獨談話，順便蒐集相關資訊，建立信任關係。

「我有點擔心妳，所以來看看妳。」

「老師，我是真的不舒服要請假。」孩子緊張地向我解釋著。

「嗯，我知道。」我給了孩子一個微笑。

在我什麼話都還沒開始說的時候，姿瑩就已經緊張地解釋起自己是真的不舒服要請假。

「在學校裡，有沒有哪些課或哪些時候，會讓妳特別覺得不舒服呢？」透過這個提問，我想找出姿瑩除了生理上的不舒服外，還有沒有其他因素導致她在學校裡感到不舒服？

「嗯，上地理課的時候。」

「上地理課的時候？」

「因為地理課是導師上的，導師很兇。」

「還有嗎？」

「還有同學都會幫我取難聽的綽號。」

專輔老師這樣做……

「那妳明天來學校時，先到輔導室找我好嗎？我們可以先一起討論一下怎麼克服這些不舒服。」由於經常請假的關係，姿瑩跟班上同學的關係疏離，也不太敢直接入班，擔心同學又會像之前一樣嗆自己是在裝病，於是我先給孩子一點彈性，讓她先到輔導室，順便也可以討論一下入班可能會遇到的困難，以及如何去因應這些困難，協助孩子練習與應對，並清除她心中的那些非理性信念，另外我也針對這段時間的作業進度，請導師幫忙與各科老師溝通，希望能給孩子一點彈性的空間。

發現真正的原因

「什麼？我都不會兇她好嗎？我因為擔心她拒學，對她超溫和的。」、「同學取笑她，也都是因為她先去取笑別人的。」導師聽到姿瑩這麼說時很驚訝，因為自己和同學對她的態度都非常友善，孩子說的並不是事實。

於是我再去向姿瑩確認這些在學校的不舒服感，這才發現原來她並沒有完整的描述清楚。「導師是真的對很多人都很兇，只是還沒有兇過我而已，但我就是會害怕！」、「那是因為同學很白目，所以我才去笑他的，但我沒有取笑他的綽號啊！」

釐清這些姿瑩的不舒服感後，導師剛好打電話來輔導室：「剛剛姿瑩上英文課突然又不舒服、想吐，但去了保健室檢查之後又都沒有任何異狀。」

「姿瑩，妳剛剛上英文課時想吐？現在還會不舒服嗎？」

「不會了。」

「那剛剛是怎麼了嗎？」

「喔，因為我找不到我的作業簿。」

「嗯？」

「我怕我會被英文老師處罰。」

「妳擔心老師會有什麼處罰呢？」

「我也不知道。」

姿瑩預期自己可能會被處罰，所以心理的恐懼導致生理上的不舒服。

「那我們一起來想想老師可能會有哪些處罰好嗎？」

「嗯。」

「老師有打過人嗎？」

「沒有。」

「罵過人？」

「也沒有。」

「那會叫人罰寫嗎？」

「嗯，好像會。」

「那罰寫是妳可以承受或完成的懲罰嗎？」

「應該可以。」姿瑩想了一下。

在孩子較能預期老師的處罰內容後，輕鬆了許多，在這個過程中我也發現只要是面對沒把握的事情，她就會開始退縮，出現強烈的身體不適等反應。

複雜的拒學樣貌

在協助姿瑩適應國中課業後，她的出缺席也穩定了一段時間，就在我認為情況即將好轉時，某天孩子又突然胃痛請假，家訪時她向我抱怨了爸爸：「爸爸說這幾天要回來看我，居然放我鴿子，所以我也不想去上學了。」

姿瑩在很小的時候就被託付給姑姑照顧，爸爸獨自一人到東南亞工作，被寄養在姑姑家的她總是缺乏安全感與歸屬感，擔心自己可能又會被拋棄，所以非常依賴姑姑，希望姑姑可以把全部的心思都放在自己身上，但也因為這樣，姿瑩變得無法獨立去面對生活中的各種挑戰，容易有軟弱、退縮的行為出現。在學校缺乏親密的連結後，就會更加的依賴家的舒適感，希望整天待在家，把自己浸泡在網路遊戲裡，心理壓力影響生理，生理失調再影響心理形成一個惡性循環。

姿瑩一開始的頭痛、胃痛都只是個表徵，因為在處理完她的生理議題、人際議題以及課業議題後，拒學問題仍然存在著，這是因為更深層的議題是來自於家庭議題所導致的心理因素。

根據研究顯示，家庭系統通常會是孩子拒學的問題根源，有些家庭議題可能是家庭中最根本的經濟問題，孩子因為擔心家裡沒飯吃而無法專心上學，有些家庭議題是因為家庭失功能導致孩子親職化，孩子與主要照顧者發展成一種負向的共依附關係，家庭系統會形塑孩子的個人系統，個人系統又會影響孩子的學校系統，使孩子無法適應學校生活，課業成就低落，人際關係不良，孩子感到挫敗後，反過來損耗個人系統，最終出現拒學現象。

拒學，是一種表徵，背後隱藏著各種內外在因素，大多數的孩子都會出現明顯的身心症狀，面對拒學的孩子，我們必須先去釐清孩子拒學背後的真正原因，由家庭、學校與社會共同合作，如果我們只是把目標訂在逼孩子就學，那只會讓拒學的情況更加惡化，親子關係更加敵對。

幫助孩子的三大系統

以姿瑩為例，在學校系統部分，透過角色扮演，社交技巧的訓練與示範，讓孩子練習與人互動，站在不同的立場去回應他人，課業部分找出適合自己的讀書方法，鼓勵孩子參加學校的高關懷班，在多元的課程中探索自己的興趣，並提升其成就感，增加學校的拉力和就學意願，營造一個喜歡上學的氛圍。

個人系統部分，我利用了學業外的其他優勢來建立孩子的自信心，擴充自我價值感的來源，透過認知治療來降低預期性焦慮，駁斥姿瑩的非理性信念，例如：獨斷的推論、過度類化等認知扭曲，同時以系統減敏法逐步增加入校或入班的次數，協助姿瑩將生活作息調整回來。

最後，家庭系統部分，也是姿瑩最深層的議題，我帶著孩子一起去談談心中對於爸爸不在身邊的感受，她是如何看待這件事的？如何看待自己在姑姑家的地位與角色？在想念爸爸的時候，可以如何聯繫爸爸？如何與姑姑之間有更正向、健康的連結，並同時擁有自己獨立自主的空間？

主要照顧者穩定，孩子就會跟著穩定

拒學的孩子會讓家庭中的生活變得混亂，容易使家長感到不知所措、身心耗竭，當家庭中又有長輩時，可能還得面對長輩的指責與不解，當家庭中有其他子女時，也可能要面對其他孩子覺得被忽略、不公平的感受。

拒學孩子容易導致家庭生活失序、家庭關係衝突，連帶影響夫妻關係，因此家長在協助拒學孩子時請務必學習照顧自己，因為在我的實務經驗中可以發現，當主要照顧者的身心穩定時，孩子就會跟著穩定，因為孩子的情緒與狀態都會受到主要照顧者的影響，面對拒學孩子，配合孩子的步調給予陪伴與支持，同時配合學校的復學輔導相關策略，將有助於協助孩子早日重返校園。

拒學個案一直是國中輔導中很常出現的類型，幾乎每個學期就會碰到一、兩位，拒學個案也是最棘手、最耗能的個案類型，常常一陪伴就是三年，拒學的議題也非常複雜，不光只是輔導就可以改變，必須整合孩子的所有系統，包含家庭、學校、個人以及整個社會環境，以團隊的力量一起合作，將這些系統加以整合，促使孩子穩定就學。

給家長的陪伴叮嚀

複雜的拒學樣貌：拒學，是一種表徵，背後隱藏著各種內外在因素，大多數的孩子都會出現明顯的身心症狀，面對拒學的孩子，我們必須先去釐清孩子拒學背後的真正原因，由家庭、學校與社會共同合作，如果我們只是把目標訂在逼孩子就學，那只會讓拒學的情況更加惡化，親子關係更加敵對。

孩子的三大系統：根據研究顯示，家庭系統通常會是孩子拒學的問題根源，家庭系統會形塑孩子的個人系統，個人系統又會影響孩子的學校系統，使孩子無法適應學校生活，課業成就低落，人際關係不良，孩子感到挫敗後，反過來又損耗個人系統，最終出現拒學現象。

主要照顧者穩定，孩子就會跟著穩定：拒學孩子容易導致家庭生活失序、家庭關係衝突，連帶影響夫妻關係，因此家長在協助拒學孩子時請務必學習照顧自己，因為當主要照顧者的身心穩定時，孩子就會跟著穩定，孩子的情緒與狀態都會受到主要照顧者的影響。

師生間的緊張關係

每個孩子都希望得到老師的肯定

除了家庭，
孩子們待最久的地方就是學校，
朝夕相處的導師，
對孩子們來說也是一個重要的存在，
而良好的師生關係，
也是孩子能否健康成長的重要關鍵之一。

「妳不用理我。」

「我不需要妳的關心。」

「妳少在那邊假惺惺了。」

一大早建豪突然跑到四樓的輔導室外，我抬頭望了一下，看見他在走廊上來回暴走，臉上還有幾滴淚水。

「建豪，你怎麼了？」我趕緊上前關心。

「妳不用理我，我不需要妳的關心。」

「還好嗎？建豪？」

「少來，我知道啦，妳會關心我還不是因為妳的工作而已，少在那邊假惺惺了。」

「我跟妳說啦，學校就是個監獄，學生來到學校就只是個唸書的工具罷了。」

「妳也只是要學生乖乖唸書而已，然後領妳的薪水。」

建豪的情緒非常激動，一連串的反擊，當我想去澄清這些質疑時，就會引來更多的言語攻擊，於是我先安靜下來，不澄清也不解釋，靜靜地陪在他旁邊，等待孩子發洩完這些內心的不滿。

不被肯定的白馬王子

兩節課過去了，建豪似乎是口渴了，停下來看了看我，我依舊沒有出聲，孩子顯得有點不知所措，我看著他已脹紅的臉說：「建豪，老師發現你的邏輯思考能力很好耶，你能一路從學校聊到社會，聊到教育，甚至是人性。」孩子聽到我這麼說也非常錯愕，想繼續反駁，但卻又不知道說些什麼，於是我趁機向他提出了要求：「建豪，現在好熱，老師想跟你商量一件事情，我們能不能一起進諮商室坐著休息啊？」

「好啊，要談話可以，不過我不會把妳當老師，我只把妳當朋友聊天，妳能接受嗎？」

「這當然沒問題。」

接著建豪就帥氣地轉頭走進諮商室，霸氣地跳上窗台，甩動著雙腳，我們倆開始有了「對話」。

建豪對人抗拒、充滿防衛，尤其是導師，他與導師的關係非常惡劣，兩人之間常常發生衝突，但在他還是國一新生的時候，其實是位彬彬有禮的孩子，有次下課時，我一個人抱著厚厚的課本，這時建豪從旁邊經過，二話不說就把整疊課本接了過去，非常的帥氣，還被輔導室封為「暖男型白馬王子」，但不曉得為什麼，到了國二後，他開始與導師爭執不斷，彼此的衝突也愈來愈大，導師甚至開始限制建豪每節下課都不准下課。

「幹，我知道導師想耗我的下課時間跟午休時間啊，反正我沒差啊，我也無所謂。」、「只要不被管成績，這樣的生活也不錯，很自由。」建豪不以為意地說著這些話，但語氣中還是帶有許多不滿。

專輔老師這樣做……

就這樣幾個禮拜後，建豪輟學了，我跟主任一起進行家訪，家訪當天孩子自己一個人在樓上，不想下樓，於是我主動到了他的房間，房門沒有鎖，我敲了一下，「建豪？我是輔導老師，你還在睡嗎？老師可以進去看看你嗎？」輕輕地推開房門後，房間裡的燈是暗的，我發現床上有哭泣的聲音。「建豪，你還好嗎？」我把房間的燈打開後，看見他躺在床上哭泣，當時我並沒有直接問他發生了什麼事？而是先讓自己安靜地陪在旁邊，調整自己的呼吸去同理建豪的感受。「建豪，我能感覺到你很難過，沒關係，想哭就哭，我會在這裡陪著你。」

短短的幾十分鐘，我不斷向建豪傳達「我願意與你同在」的訊息，陪伴孩子感受當下的情緒，允許他在自己感到舒適的環境下，用自己熟悉的方式宣洩情緒，儘管我們都沒有說話，但建豪也能接收到我的接納與陪伴，就像當時在輔導室外一樣，儘管不斷地以言語惡意攻擊，我還是溫柔的接住這些情緒，讓他能卸下自己的防衛與自尊，因為我知道那時候的反駁只會讓我離他更遠。

師生之間的衝突

「建豪，謝謝你今天來學校了。」隔天，建豪出現在輔導室，但他對自己的生活非常消極，沒有任何的興趣與動力，於是我讓他透過「生涯卡」來檢視自己的生涯價值觀，在這過程中，我也發現孩子有許多互相矛盾的狀態。

「建豪，老師發現你在乎的東西很多耶，你想要有專業能力、地位和認真，但你卻又同時不斷告訴自己你不在乎？」建豪沒有回應我，看向窗外。

「這是什麼原因呢？」

「都是因為那個爛班導。」

「嗯？班導？」

「幹，反正他不喜歡我、不想看到我，我幹嘛來學校？」

「你怎麼知道班導不喜歡你呢？」

「因為他處處刁難我啊，在教室裡帶著全班不理我，我沒來的時候還跟全班說我的壞話。」

「如果是因為班導而讓自己中輟，這樣不是很不划算嗎？」

「幹，我無所謂。」

「那你今天一樣不吃午餐嗎？」

「不需要，我沒帶餐盒，因為班導規定被罰的人不能盛第二碗，我根本也吃不飽。」

「因為不能盛第二碗，所以就乾脆不吃？你是不是在跟班導賭氣啊？」

「幹，誰理他。」

跟建豪談完話之後，我也去找導師釐清他與建豪之間的關係。

「他不回班上很好啊，如果他要回來，除了要做好原本應該做的事之外，還要有更多額外的表現，這樣我才能向其他同學交代。」

「不過建豪這幾個禮拜都輟學在家，一次要他完成這麼多事恐怕有點困難，能不能先階段性的完成某些，再慢慢的調整、增加呢？」

「為什麼，他憑什麼有特權？」

在跟導師的會談中，我感受到導師非常不希望建豪復學、入班，這讓我很生氣，也很難過，導師希望延長復學觀察期，並且嚴格管控、不容許彈性，不斷設限，以高標準來要求，導師希望讓建豪在復學的過程中感到困難，而這些要求與標準對孩子來說，真的都是不可能完成的任務。

因為在乎，所以在意

後來透過好幾次的個案研討會，溝通再溝通，我又找了導師坐下來談，這次我直接點出導師與建豪之間的對立關係，我詢問導師不讓建豪回到班上的想法是什麼？同時也把我的為難說出來。

「其實建豪是想回來的，但回來之後他又會擔心被導師針對、被不公平的對待，站在一個輔導者的立場與角色，夾在中間的我真的很為難……」

「我不讓建豪跟班上一起活動是因為我擔心他亂跑、不守秩序。」

「嗯，這我可以理解，但孩子並不知道，孩子接收到的只有不准跟限制，他並不知道導師在意什麼？或許導師你也可以說出來，讓建豪理解，清楚知道自己可以努力的方向是什麼？」

「我沒有時間這樣一個一個去跟孩子談。」

「嗯，謝謝導師你告訴我，其實你還是很關心建豪的，你會希望我幫忙修補建豪跟媽媽之間的關係，就表示你希望建豪可以更好，而孩子的內心也非常渴望能被導師重視，你的一舉一動都會影響他的情緒，也是因為這樣，我才會希望你們之間的師生關係可以修補。」

說到這，導師的態度也軟化了下來，開始願意給建豪多一點的彈性，在會談結束後，我也不斷地去思考，如果今天我是導師，站在不同的立場與角色，我會不會也有不同的期待和做法呢？很多導師不是不想處理，而是有很多擔憂，可能怕處理不好、怕不夠專業，或是怕自己心力與時間不足，但當導師得知自己對孩子的影響力有多大時，也才知道原來自己能給的東西這麼多，有時候導師站在第一線，也是一樣的耗能，很多導師也是需要被傾聽、被同理，被看見的。

常常導師或家長們都會說：「啊，小孩子比較聽輔導老師的話啦。」其實不然，不是孩子比較會聽我們的話，是我們比較不會在傾聽的過程中給予批評或指責，我們會去聽孩子們說，先跟孩子建立一個互相信任的關係，讓孩子知道「我願意懂你」，然後再帶孩子去判斷是非對錯，引導孩子有更多思維的可能性，陪伴孩子看見、覺察自己內在的需求與渴望。

給家長的陪伴叮嚀

陪伴孩子的起點就是「同在」：很多時候導師或家長們都會說：「孩子比較聽輔導老師的話。」其實不然，不是孩子比較會聽我們的話，而是我們比較不會在傾聽的過程中給予批評或指責，我們會去聽孩子們說，先跟孩子建立一個互相信任的關係，讓孩子知道「我願意懂你」，然後再帶孩子去判斷是非對錯，引導孩子有更多思維的可能性，陪伴孩子看見、覺察自己的需求與渴望。

因為在乎，所以在意：每位孩子都希望被重視、被肯定，所以孩子們的內心其實也都是非常渴望能被導師看見的，導師的一舉一動也都會影響孩子的情緒，因為在乎，所以在意，良好的師生關係也是孩子能否健康成長的重要關鍵之一。

不同的角色，不同的立場：如果今天我是導師，站在不同的立場與角色，會不會也有不同的期待與做法呢？很多導師不是不想處理，而是有很多擔憂，可能怕處理不好、怕不夠專業，或是怕自己心力與時間不足，但當導師得知自己對孩子的影響力有多大時，也才知道原來自己能給的東西這麼多，有時候導師站在第一線，也是一樣的耗能，很多導師也是需要被傾聽、被同理，被看見的。

寧願請假也要拚事業的男孩

出生序也會影響孩子的人格發展

想要證明自己有能力因而忽略學校的孩子，
有可能不是單純的個人行為，
而是想要在家庭裡證明自己，
讓自己成為受矚目的焦點。

「幹，為什麼一定要讀書？」

「誰說只有讀書才能出頭天。」

「我要把台灣文化發揚光大。」

彥甫喜歡流連於廟會活動，在外交友複雜，導師希望他能把多一點心思放回學校課業上。

在我跟他第一次見面的印象中，彥甫是一位有禮貌、懂事又成熟的孩子，主動的幫我開了諮商室的燈及電風扇，他告訴我自己已經習慣大太陽的大熱天，因為假日都會到大伯的工地去幫忙工作，大伯也會給他一些薪資作為零用錢。

想把陣頭發揚光大的孩子

「我不認同我們導師說的，誰說不喜歡讀書就是壞小孩！」彥甫很不認同導師的價值觀，也對導師送自己到輔導室「輔導」這件事很不諒解，他喜歡在班上帶頭批鬥導師、頂撞導師。

「老師妳看，這是我昨天扛轎留下來的紅印。」

「扛轎？你也太厲害了吧？但你的腳怎麼也都是坑坑疤疤的？」

「喔，因為我也常常被鞭炮炸到啊。」

「這樣很危險吧？」

「唉啊，免驚啦，小事。」

彥甫的爺爺和大伯都是宮廟裡人士，平常會參與廟會活動，只要廟宇需要人手幫忙，他就會跟著大伯及爺爺一起出陣，有時候忙碌的話，一天還要趕兩場以上的廟會活動。

儘管彥甫的爺爺和大伯都愛參與廟會活動，但爸爸卻不喜歡他去參加，爸爸跟大伯的理念不太一致，認為廟會裡充滿幫派、菸酒和毒品，是個複雜的環境，爸爸擔心孩子會在裡面迷失自我，所以經常限制他，這導致父子之間有很多衝突，因為彥甫不能接受爸爸限制他，自己卻愛打小鋼珠，常常玩到半夜才回家，「幹，要我少去可以啊，但他也不能去打小鋼珠啊。」

「老師，我跟妳說啦，我想把陣頭文化發揚光大，走向國際。」彥甫胸有成竹的說著，認真地向我講解起陣頭裡的各種儀式，光是放鞭炮就有很多學問，因為鞭炮的品牌都需要挑選過，而且其實大家平常所說的「陣頭」，也只是一個統稱而已，陣頭可以依據屬性跟內容區分為文陣、武陣、香陣、趣味陣頭、宗教陣頭和藝閣等六種不同類型，彥甫平常就會閱讀一些有關廟會或陣頭文化的資料，所以任何專有名詞都難不倒他。

專輔老師這樣做……

就這樣，我跟彥甫聊了很多陣頭文化，接著我問彥甫上週為什麼連續三天請病假？

「喔？我不舒服啊。」彥甫的表情有點尷尬。

「三天都不舒服？怎麼沒有去看醫生呢？」

「痾……算了，老實跟妳說啦，是因為廟裡有大活動。」

「請假去參加廟會活動？這樣是不是不太好啊？」

「不會啊，這是一年一度的大活動我才請的，平常我也不會亂請假。」

「但這樣你爸爸跟導師不就更反對你參加廟會活動了嗎？」

「管他的，反正大家本來就會把不讀書跟廟會聯想在一起，但我是不喜歡讀書，跟陣頭完全沒有關係。」

「既然這樣，我們有沒有可能兼顧兩者，打破大家對陣頭的刻板印象呢？」

「好呀，如果可以，我想跟陣頭裡的一位大哥哥一樣，把台灣的廟會文化發揚光大。」

不惜觸法也要拚事業

過了幾天後，導師突然來告知彥甫偷了鄰居家的錢，金額高達萬元以上，儘管孩子不斷解釋這筆錢是要拿來周轉用的，卻還是無法交代清楚金錢的流向，且前後矛盾不一。家訪時我跟導師詢問了彥甫偷錢的事，孩子激動地說：「那是因為大家都不相信我，不幫我，所以我只能靠我自己了。」

「靠自己？」

「我想建立自己的會館，拚出我自己的事業。」彥甫開始責怪爸爸不支持自己玩陣頭，媽媽也只會一天到晚抱怨家裡沒錢，找不到工作，他們都不懂出陣除了有紅包領，還有免費的麵線可以吃，為什麼他們都不支持呢？

我告訴彥甫他是個很有理想和抱負的人，但是不應該利用這些小聰明去偷錢，可惜孩子完全聽不進去。

「我不知道啦，我就是想要有錢。」

「偷錢的行為不但無法完成你的夢想，你還要付出很大的代價。」

「可惡，我就只差一點點了，如果這次順利的話，光是訂金就有十幾萬，後續我還可以再拿十幾萬，這是很了不起的事業呢。」彥甫聽不進我說的話，繼續說著他的賺錢夢。

只是想證明能力

面對彥甫的問題，一開始我也以為這是比較偏向個人行為的問題，但深入探索後，我才發現這些行為的背後，其實都跟整個家庭系統息息相關，每位家庭成員的內在需求都會互相牽動著彼此的關係和行動，這也是彥甫為什麼想一直不斷地證明自己「有能力」。

彥甫身為家族中的長子與長孫，自然受到整個家族的厚愛，特別是爺爺和大伯。爺爺為家族中的掌權者，與媽媽的關係惡劣，喜歡批評媽媽，媽媽與爸爸的關係也惡劣，所以媽媽在這個家時常感到孤獨、無助，不斷地自怨自艾，向鄰居抱怨自己的家庭、生活以及工作，不斷地在塑造一個弱勢、受害者的形象，然後又緊抓著備受家族寵愛的彥甫，希望能靠孩子獲取一些關注和支持。

爸爸與媽媽的關係疏離，在家中又沒有實質的地位與權力，所以只好不斷地反對彥甫參加廟會活動，來鞏固自己身為一家之主的權威感，彥甫面對爸爸的不支持、媽媽的弱勢形象，就更想去證明自己的能力，於是「金錢」成了他心中證明能力的重要指標，他希望自己可以趕快成為大人，靠自己的能力賺錢，向外界證明自己是有能力的，以此支持著媽媽、取得爸爸的肯定，同時盼望著有一天能改變爸爸、媽媽、爺爺和大伯四人之間的家族關係。

家裡的那片「星空」

除了爸爸、媽媽、爺爺和大伯四人的因素外，彥甫身為家中的長子及長孫，也希望能在家族中維持一個領先的地位，成為萬眾矚目的焦點，防止弟妹搶走自己的地位與權威，如同阿德勒（Alfred Adler）所提出的家庭星座（Family Constellation）與出生序（Birth Order）概念，彥甫在弟妹出生後，因為瞬間有被失寵、冷落的感覺，於是害怕所有大人都將目光轉移到弟妹身上，開始力求表現，希望能一直是大家注目的那顆星。

每位孩子在家庭系統中的社會結構與心理結構，都會因為出生排行而有所差異，阿德勒將這些出生序分為五種，分別為長子、次子、中間子女、老么以及獨子，出生序取決於孩子在家中的心理位置，依孩子對自己在家庭中的地位感受來定義，孩子在家庭中與其他家庭成員的互動也會影響其人格發展，因此在評估孩子的生活型態時，我們也需要蒐集孩子的家庭星座及家庭經驗，來看見孩子的個人內在需求。

了解整個家庭星座後，我也從彥甫的原生家庭脈絡中去分析「每位家庭成員在這個家庭關係上分別想獲得什麼？」、「在家庭中各自扮演什麼角色？」、「每位成員正在面臨什麼樣的問題和挑戰？」、「能否有效地完成各自的生命任務？」、「大家希望這個家庭出現什麼樣的改變？」協助孩子覺察到每位家庭成員行為背後的目的，以及自己想不斷爭取權利、能力、關注與肯定的內在需求，在這個家中找出自己的亮點與優勢，並重獲力量。

給家長的陪伴叮嚀

「家庭星座」與「出生序」：阿德勒提出「家庭星座」與「出生序」概念，每位孩子在家庭系統中的社會結構與心理結構，都會因為出生排行而有所差異，出生序取決於孩子在家中的心理位置，孩子在家庭中與其他家庭成員的互動也會影響其人格發展，因此在評估孩子的生活型態時，也要一併蒐集孩子的家庭星座及家庭經驗，找出孩子的個人內在需求。

看見家庭各成員的需求：了解家庭星座後，我也回到孩子的整個家庭脈絡中去分析「每位家庭成員在這個家庭關係上分別想獲得什麼？」、「在家庭中各自扮演什麼角色？」、「每位成員正在面臨什麼樣的問題和挑戰？」、「能否有效地完成各自的生命任務？」、「大家希望這個家庭出現什麼樣的改變？」協助孩子覺察每位家庭成員行為背後的目的，然後找出孩子在這個家的亮點與優勢，並重獲力量。

8+9圈大姐頭的改變

找到亮點，三度中輟生也能發光發亮

面對輟學的孩子，
背後的成因是非常複雜的。
除了學校端和孩子自己願意改變的意念，
家庭的支持也非常重要，
需要長時間慢慢調整，
需要有無比的耐心陪孩子走過。

「幹，你以為你是誰啊？」

「生教就了不起嗎？」

「信不信我現在就烙人來。」

嘉琇在警衛室外不斷地與生教組長叫囂，一邊打著電話烙人來「支援」，還一邊把手上的麥香奶往地上砸，旁邊還有一位中輟個案跟著，兩人一搭一唱。

嘉琇一開始會轉介到輔導室，是因為在班上警告、威脅同學，同學們都不敢惹她生氣。國三的時候嘉琇被通報中輟，她認為來學校只是在浪費時間，班上也沒什麼真心的朋友，確實班上同學也都非常厭惡她的「鴨霸」，希望嘉琇永遠都不要再回到班上來了。嘉琇與爸爸的關係也非常惡劣，兩人只要情緒上來就會翻臉不認人，之後她加入了8＋9圈，大部分的時間都在宮廟及車隊裡，每天半夜就是跟校外的朋友一起跑山、夜遊。

專輔老師這樣做……

中輟、拒學，是校園輔導工作中最常見、也是最棘手的議題之一，中輟是一個系統下的產物，無法只從單一觀點下手，是孩子們逃避各種壓力下的因應模式，這些壓力與困擾可能來自於心理、生理、家庭或生活，我們必須去找出孩子中輟背後的真正成因，探索孩子們心中的需求與匱乏，以多管齊下的方式來改善孩子的中輟現象。

導致孩子輟學的危險因素可分別由個人、家庭、學校及社會四個面向來探討。首先個人因素，不利的身心條件包含生理、心理、認知以及行為層面，生理上體弱多病、身體殘缺或藥物濫用，心理上有情緒易怒、憂鬱及焦慮等情緒困擾，面對壓力時容易出現恐懼或退縮的心理防衛，認知上較缺乏自信，容易否定自我，無法抗拒誘惑，行為上反抗權威、缺乏自制能力以及喜歡尋求刺激等。

其次為家庭因素，家庭是青少年成長中最關鍵的場域，許多青少年的人格與價值觀養成都仰賴於家庭，而現今家庭結構的轉變，導致許多功能不健全的「脆弱家庭」出現，孩子們缺少重要他人的關愛與照顧，缺乏歸屬感，轉而向外尋求更多其他親密關係，當家庭中的親子關係疏離、缺乏良好的溝通管道，或是父母管教過於嚴格、放縱等，都會更容易使孩子產生拒學問題。

接著為學校因素，孩子在學業成就上缺乏動機，學習態度消極、對未來的生涯喪失期待與目標，長期的低成就狀態，容易使孩子漸漸討厭上學，生活缺乏重心，當孩子與老師或同學們的關係疏離時，因缺乏支持性的友伴及正向的楷模，也會使中輟的拒學現象加劇。

最後為社會因素，在現今網路發達、追求財富與物質的社會中，孩子容易偏愛感官刺激上的滿足，對娛樂聲色場所感到好奇，經常性的出入不良娛樂場所或結交複雜的朋友和網友，這也容易使生活圈變得更複雜。

輟學不能只從單一危險因子探究，必須了解各個因素之間的關係，例如：低社經地位的孩子可能會因為無法專注讀書而輟學，但也有可能是因為文化刺激不夠，在學習上習得無助感而輟學，家庭與社會因素影響著個人因素，個人因素又影響著學校與家庭，因此家庭、個人、學校及社會中的危險因子都有可能是彼此的引發因素，不可分開而視。

陪伴，拉近與孩子的距離

「來學校沒意義啊。」、「我看誰都不爽啦。」嘉琇對於中輟感到無所謂。導師也明示、暗示地抱怨只要她一來學校就會鬧事，大家都不喜歡她回來，我也只能不斷提醒嘉琇到校，盡量幫忙傳達班級上的相關事務。

直到某一天，突然接到一通哭泣的電話，嘉琇與男友發生意外車禍，男友傷勢非常嚴重，正在加護病房進行搶救，我跟導師趕緊衝去醫院探望，嘉琇的爸爸也趕到了現場，好險她只有些微的皮肉傷，但男友的傷勢非常嚴重，全身插管，她不停哭著，我們也陪著她一起輪流進加護病房探望男友。

最後男友不幸離開了，嘉琇的心很痛，然而這場意外卻也意外地拉近了我們的距離，打破了嘉琇跟爸爸之間的那道牆，儘管爸爸很不認同這位男友，但也跟著她一起祈禱、為男友禱告，全心全意在一旁照顧嘉琇的身體和情緒。

想改變的心最可貴

過了一個禮拜後，我跟導師一如往常的家訪，但這次的家訪很不一樣，嘉琇特地出來門口迎接我們，還泡了茶給我們喝，她跟爸爸簽了切結書，承諾爸爸明天如果沒有到校就要把菸戒掉。

雖然隔天嘉琇還是沒有出現，但特別傳了簡訊向我說明原因，儘管我知道那是藉口，但這表示她開始會在乎我的感受了，於是我把握住這份信任關係，持續地溝通與等待，最後嘉琇終於在一週後到校了。只是穩定上了幾天後，她又因為跟同學起衝突，二度中輟。

「我知道妳其實很在乎自己跟同學的關係，不然妳不會這麼氣自己。」這次的衝突是因為嘉琇想當和事佬，幫忙喬同學之間的糾紛，不小心鬧出更大的糾紛，儘管在班上她是小霸王，但只要班上有人被別班欺負，她就會想跳出來保護他們，這對嘉琇來說就是一種義氣的展現，「我也不知道為什麼？但我就是想幫忙。」

在二度中輟的家訪中，嘉琇告訴我：「老師，其實我是想改變的，我想離開8＋9圈，我想離開車隊，但好難。」

「嗯。」

「我覺得一直在8＋9圈很累，每天看著大家打架鬧事，時不時就送醫院，我也在想我當初的選擇是對的嗎？」

「那如果人生重來一次，妳還會想加入8＋9圈嗎？」

「不會，但沒了8＋9，我也不知道自己能做什麼？」

「妳很勇敢，光是這個想改變的念頭，就很不容易。」我沒有給嘉琇答案，只是肯定了她想改變的心。

不只看見亮點，也要創造亮點

由於嘉琇在學校與家庭生活中，一直沒有一個可以被看見的亮點，於是我決定為她創造亮點，既然找不到亮點，那就給些刺激吧，讓輔導不只是看見孩子的亮點，也能為孩子創造亮點，隨後我拿了一把烏克麗麗給她：「嘉琇，要不要玩看看？這會是一個很棒的體驗喔。」嘉琇摸了一下：「這我不會，雖然我覺得彈樂器很帥，但我對音樂什麼都不會，連吹直笛也不會。」

我鼓勵嘉琇，不斷地給予回饋、肯定，帶著她從怎麼拿？怎麼撥弦？怎麼看譜？一步步到彈音階、彈節奏、彈和弦，透過樂器的薰陶，嘉琇也發現自己愈來愈能沉得住氣，情緒愈來愈穩定，在練習的過程中也會因為一點點進步而感到愉悅、滿足，然後也會因為一點點的失誤而感到挫敗，在這裡我第一次看到嘉琇對自己的堅持，堅持彈對每個音和每個節奏，這是孩子對自己認真的態度，她甚至也開始會為了練習烏克麗麗而開始主動到校上課。

儘管在這過程中，嘉琇又因為一個小小的衝突事件三度中輟，但這一次她很快就回來了，回來之後她還主動向我提出想做的事：「老師，我畢業前想在全班及導師面前表演一首曲子。」

互相陪伴的力量

「對這個世界如果有太多的抱怨……」聽著嘉琇自信地彈唱著，坐在台下的我不自覺讚嘆：「這是一幅多麼美麗的畫面！」一位火爆的大姐頭找到自己的人生舞台，儘管中間有許多波折。

畢業時嘉琇還寫了一張卡片送給我：「國中三年最感謝的就是妳了，妳教了我非常多，烏克麗麗、吉他、唱歌，也是妳把我拉回來，從中輟到復學，中間真的好多事，謝謝妳開導我好多事，真的超愛妳！」

孩子，謝謝妳，現在想起那段時光，看似是我在陪伴妳，其實也是妳在陪伴我，這就是互相陪伴的力量吧，也是助人工作最有魅力、最有價值的地方。

給家長的陪伴叮嚀

中輟是系統下的產物：中輟是一個系統下的產物，無法只從單一觀點下手，中輟也是孩子們逃避各種壓力下的因應方式，這些壓力與困擾可能是來自於心理、生理、家庭或生活，因此我們必須去找出孩子中輟背後的真正成因，探索孩子們內心的需求和匱乏，多管齊下協助孩子重返校園。

影響輟學的危險因素：容易導致孩子輟學的危險因素可分別由個人、家庭、學校及社會四個面向來探討，個人因素包含生理、心理、認知及行為層面，親子關係衝突也容易產生拒學問題，孩子在長期的低成就狀態下會使拒學現象更加劇，如果孩子偏重於感官刺激上的滿足，也會使生活圈變得更複雜。

不只看見亮點，也要創造亮點：當孩子在學校與家庭生活中，沒有一個可以被看見的亮點時，我們也可以主動為孩子創造亮點，「既然找不到亮點，那就由我們這邊給些刺激吧」，讓輔導不只是看見孩子的亮點，也能為孩子創造亮點，使孩子從中增強自己的成就感與自信心，看見自己的優勢與潛能。

Chapter 08

一起走入孩子的心

真正理解孩子的想法與期待，
讓青春期的親子時光更美好

父母常覺得孩子長大後就變了，
和小時候的乖巧模樣判若兩人。
但是我們常常忘了，孩子正在長大，
正在面對自己身心的劇烈變化，
需要的是更多的陪伴與關心，
外表的行為可能只是一種掩飾，
身為父母請敞開心房，
走進孩子心中，聽聽孩子怎麼說。

孩子只希望爸媽懂

從今天開始，練習與孩子聊天

青少年有時候只是需要爸爸媽媽多理解一點而已，
他們並沒有變，
只是正在歷經另一段的成長。
也不再是從前的小小孩了，
父母需要用更開放的態度來和孩子相處，
讓親子關係不再緊繃。

「老師，我昨天又跟爸爸起衝突了。」

「我要離家出走了。」

「再見。」

一大早六點多收到孩子傳來的訊息，讓我瞬間清醒過來。

「喂？勇志？你現在人在哪裡？」、「發生了什麼事？」、「先跟老師說說好嗎？」

原來昨天晚上爸爸要停掉勇志的 WIFI，導致父子倆大吵了一架，孩子不願意向我透露目前人在哪裡，只願意表示自己很安全，在一位乾哥的店裡。

隨後進行家訪，爸爸對於勇志的離家出走非常無奈。「唉，他小時候明明是個很乖的小孩啊，國小時還曾經考過全班第一名耶，不知道為什麼到了國中後整個人都變了，我也很難跟他溝通，沒辦法管他了。」在爸爸的言談中，我可以感受到爸爸很關心孩子，但不曉得怎麼溝通，讓孩子知道自己的關心和擔心，於是我先肯定了爸爸，邀請爸爸一起來討論如何更貼近勇志，去了解他的內心到底在想什麼？

專輔老師這樣做……

針對停用 WIFI 這件事，其實爸爸是希望勇志可以有更多的時間睡覺，但爸爸沒有說明停掉 WIFI 的原因就擅自停掉，在一個沒有討論的狀態下，兩人當然會起很大的衝突。

三明治溝通法則

當我們想要給青少年一些建議或給予指教時，可以利用「三明治溝通法則」，就像三明治的概念一樣，利用上下兩層的正向肯定吐司來夾帶著中間那一層的建議吐司。三明治溝通法則不論是親子之間、師生之間，還是親師之間都很好用，第一層有認同、肯定，中間夾帶著建議或不同觀點，第三層再帶著鼓勵及希望。

首先，爸爸可以先肯定勇志最近表現不錯的地方，或是原本就有的優勢與特質，先不要這麼急著碎念或責備，因為比起這個，孩子更希望爸媽來找自己講話的第一句話都是正向的肯定，先有一個好的感覺作為開始，例如：「你最近都很準時上學，做得很不錯喔，一定付出了很多努力。」

其次，正向的連接後面要提出的建議，不要用指責或批評的方式，可以使用疑問句來表達我們的訴求，例如：「最近好像也花了比較多時間在手機上面，這樣會不會影響你的睡眠品質和時間啊？如果把使用手機時間減少一點，會不會讓自己更輕鬆完成準時上學這件事？甚至是有更多的時間可以運用？」

最後，再回到孩子身上，鼓勵並給予肯定，邀請孩子一起實驗看看，例如：「你是個很有實踐力的人，我們要不要先試試看？調整看看？因為爸爸也希望能幫助你睡得更好，更輕鬆地不遲到。」

孩子希望被理解

隔天一早勇志到校了，昨天一整晚都沒有回家。

「勇志，我知道你跟爸爸是因為 WIFI 的事吵架，但你都沒回去，爸爸會擔心。」

「他整天只會碎碎念，根本不懂我，比外面的朋友還不懂。」

「但昨天家訪的時候，爸爸有跟我提到他其實很想了解你耶。」

「屁啦，他怎麼可能這樣說。」

「是真的，其實爸爸一直想跟你更親近，只是不曉得怎麼親近？也不曉得怎麼表達？」

「怎麼可能？我不相信。」

「而且爸爸還一直提到你的乖巧，一直讚美你，像是……」勇志驚訝地聽著我說，儘管嘴巴上不斷地反駁，但還是感到很開心。

孩子都希望父母懂自己，知道自己在想什麼，即使我不說，父母也應該要知道或猜到，但這是不可能的，我們如果只是一直讓父母猜測，什麼也不說，那父母永遠也不會知道你在想什麼？而父母到底該怎麼走入孩子的心呢？我們都知道要傾聽，但為什麼在傾聽完後，還是無法走入孩子的心？曾經有家長也很無力、無奈地表示：「我想聽孩子說啊，但他就是不肯跟我說。」

這是因為很多家長所認為的「傾聽」，對孩子來說其實根本就是在「找碴」。

確認、敷衍、說教，並不是傾聽

「今天過得怎麼樣？」

「還好，體育老師讓我們打樂樂棒。」

「喔，還有其他的嗎？」

「沒啊。」

「沒？導師沒有說什麼上課要注意什麼嗎？功課跟考試呢？」

很多時候家長的傾聽其實是在確認，確認孩子是否有完成自己交代的事？確認孩子是否有符合自己的期望？家長只是想聽自己關心的部分，例如老師有沒有交代什麼作業和考試？當孩子跟家長聊到生活或遊戲時，家長也可能只是一句「喔。」、「不要一天到晚玩遊戲」、「唉啊，我不懂遊戲。」等簡單帶過，久而久之孩子當然也就不願意再和你聊些什麼了，甚至還會在心中覺得爸媽都不關心我，只在乎功課。

當孩子興高采烈地在分享自己的事情時，有些家長可能會因為忙碌而敷衍回應：「喔。」、「真的嗎？」、「不錯啊。」這些句子看似有回應，但對孩子來說就是在敷衍，孩子能理解爸媽很忙碌，但心中或多或少還是會希望爸媽也能好好地聽自己說話。

「這應該是要這樣做才對。」、「你就是這樣，才會一直沒有進步。」這也是很多家長常犯的一項錯誤，就是在孩子話說到一半時不自覺地說教，孩子認真分享著自己，卻換來指責與否定，面對這樣的說教，對孩子來說就是一種壓力，分享只會帶來爸媽更多的嘮叨，那何必分享呢？

建立良好親子關係的首要目標就是做好傾聽的工作，傾聽孩子時，專注是非常的重要的，專注可以讓孩子感覺到被重視、被接納，進而增進親子之間的信任關係。專注包含生理上的專注以及心理上的專注，生理上的專注：社會心理學家艾根（Egan）提出了「SOLER」，S（Squarely）面向對方、O（Open）肢體抱持開放的姿態、L（Lean）身體向孩子適當地前傾、E（Eye contact）保持眼神適當專注、R（Relax）輕鬆自然、開放的姿態與表情，而心理上的專注即為積極的傾聽，搭配非語言訊息，在傾聽中也可以適時的加入「情感反映」及「覆述」等技巧，確認孩子的感受與想法，並且跟孩子建立一個專屬於你們的談心時間，每天大約半小時，「談心時間」不只可以讓我們習慣去聽聽孩子的心，也能讓孩子們去練習怎麼表達自我。

孩子的在意與失落

「既然你期待爸爸可以懂你一點，那就告訴爸爸吧！」

「我不知道怎麼說，而且我也不敢。」

我帶著勇志一起討論心中的恐懼，原來他對於爸爸時時刻刻都在跟其他朋友講電話，把心思放在外面的朋友身上這件事非常在意，但又不敢去指責爸爸，也不知道怎麼說出自己的在意與失落。

「如果不敢開口，那要不要用寫的？」我們討論出以小紙條的方式，偷偷放在爸爸的房間，這樣就可以避開面對面的尷尬與恐懼。

幾天後，勇志一副不可思議的來找我，「老師！我寫給我爸的小紙條，他居然看了，而且還回信給我。」

「哇！」我開心地回應著勇志。

「昨天我回到家之後，突然很想開口跟他說些什麼，但後來我只說了『對不起』，沒想到他居然哭了，然後我也哭了。今天早上他還握住我的手幫我取暖。」勇志很意外只是一張小小的紙條，居然會帶來這麼大的改變，他很開心找到了方法突破恐懼，也跟爸爸有了更多的交流，原來爸爸是真的很重視自己。

和孩子聊天的技巧

當孩子不願意開口說話時，可能會有幾種原因，有些孩子的沉默是因為正在思考剛剛說的話，或剛剛所發生的一切，有些孩子則是和勇志一樣，心中有很多話想說，卻因為不知道怎麼表達而選擇沉默，面對不善於表達的孩子，我們就需要有更多的引導，協助孩子整理思緒，我們可以試著給孩子一些封閉性問句，例如：「你覺得爸爸不懂你哪些部分？」、「功課的事？」、「學校的事？」、「與同學之間？」、「還是在家裡的時候？」，以「是」或「不是」來讓孩子回答，然後再依據孩子的回應去衍伸問題。

面對冷冰冰的孩子，我們也可以先試著從孩子喜歡的話題下手，改變無聊的對話，讓孩子愈說愈多。曾經有位孩子在晤談期間很冷漠，但當我跟孩子聊到遊戲後，孩子的眼睛瞬間發亮，我們開始有了大量的對話。「你有在玩跑跑卡丁車嗎？」、「當然有，老師妳該不會也有在玩吧？」、「有啊，但好難，我都跑不贏別人。」、「這超簡單的，我都玩到膩了，我教妳啦，妳可以先去看教學影片，然後……」

青少年階段的孩子們，雖然不容易主動開口與父母們聊天，但也不是不可能，孩子不知道怎麼跟爸媽聊天，不知道原來自己可以跟爸媽聊這些，原來爸媽不是只有限制、命令或指責而已，原來爸媽也能跟我們有共同的語言、興趣和話題。在傾聽孩子的過程中，跟隨著孩子的步調，告訴孩子不用擔心，也不用害怕說對或說錯，就算是一個字、一句話也可以，我們不評價、不分析也不急著給予建議，先穩穩地接住孩子說的每一句話及每個感受就好。

給家長的陪伴叮嚀

三明治溝通法則：當我們想要給青少年一些建議或給予指教時，可以利用「三明治溝通法則」，就像三明治的概念一樣，利用上下兩層的正向肯定吐司來夾帶著中間那一層的建議吐司。三明治溝通法則不論是親子之間、師生之間，還是親師之間都很好用，第一層有認同、肯定，中間夾帶著建議或不同觀點，第三層再帶著鼓勵及希望。

別把「傾聽」當作「找碴」：很多家長所認為的傾聽，對孩子來說其實根本就是在找碴，像是確認孩子是否有完成自己交代的事？確認孩子是否有符合自己的期望？因為忙碌而敷衍的回應，「喔。」、「真的嗎？」在孩子話說到一半時不自覺地說教，「這應該是要這樣做才對。」、「你就是這樣，才會一直沒有進步。」久而久之，孩子當然不願意再開口分享。

傾聽中的專注：專注可以讓孩子感覺到被重視、被接納，進而增進親子之間的信任關係，專注包含生理上的專注以及心理上的專注，生理上的專注包含面向對方、肢體抱持開放的姿態、身體向孩子適當的前傾、保持眼神適當專注，以輕鬆自然、開放的姿態與表情傾聽，心理上的專注即為積極地傾聽，搭配非語言訊息，在傾聽中適時加入情感反映及覆述技巧，也可以確認孩子的感受與想法。

給出有品質的陪伴

孩子需要的陪伴，不在時間長短，
是陪伴的品質

許多父母為了孩子，日夜奔波，
把孩子的需要放在第一，
往往忽略了自己的心情，
忘記了自己也需要照顧。
其實，天天生活在一起的孩子，
是連最細微的情緒都能感受到的，
記得，父母先照顧好自己，才能給孩子最需要的陪伴。

「老師，我可以找妳聊聊嗎？」

「我媽媽不知道為什麼都不理我。」

「怎麼會這樣？老師？」

剛上完輔導課，怡君就默默地往講桌移動，趁沒人注意的時候，快速遞給了我一張小紙條，我把紙條折了起來，抬頭看一下她，示意怡君一起到輔導室聊聊。

「怡君，妳說媽媽突然都不理妳？」

「嗯。」孩子的眼神中透露著失落。

「是發生了什麼事嗎？」

「我也不知道。」

「那媽媽在什麼時候開始不理妳的？」

「好像是兩個禮拜前吧。」

兩個禮拜前，怡君的媽媽突然變得很冷淡，當她想主動靠近、找媽媽聊天時，媽媽都對她不理不睬的，面對這樣的狀況，她也很想直接詢問媽媽，但又怕媽媽生氣，所以只好不斷猜測，也不知道該怎麼辦？為此感到難過又困惑。

找出媽媽不理睬的原因

「那我們先一起想想可能的原因有哪些吧。」

我陪著怡君一起尋找原因，在學業部分，媽媽對她的課業並沒有太大的要求，只要怡君努力了，都不會有太多意見，針對孩子的選擇與決定，也都會給予尊重，在生活部分，怡君在學校的表現都很優秀，也沒出現過什麼偏差行為，這讓媽媽非常放心，與班上的同學也都相處得非常融洽。

「老師，我到底哪裡做錯了？為什麼媽媽突然都不理我？」

「嗯……那如果請哥哥幫忙詢問看看呢？妳也可以在一旁偷偷觀察媽媽的反應。」

「好。」

隔一天後，怡君依舊滿臉失望地跑來找我。

「老師，我哥哥幫我問了，但媽媽還是沒有回應。」

「那妳有觀察到什麼嗎？」

「我發現媽媽不理我，但會理我哥哥，他們都會說話也都有互動。」

「是喔！那如果我們直接去向媽媽說出自己的疑惑和感受呢？」

「痾，要怎麼說？」

「沒關係，我們直接來演練看看。」

「演練？」

「沒錯，現在先假設媽媽坐在那張椅子上。」

怡君不敢直接詢問媽媽，所以我帶著孩子練習表達自己的情緒和感受，透過演練，讓孩子聽見自己的聲音，也可以減少因猜測媽媽情緒而產生的恐懼。

專輔老師這樣做……

「老師，那我要怎麼開口比較好？」

「我們可以運用『我訊息』，以『我』作為開場白，讓媽媽知道妳不知所措、難過的感受。」

我帶著怡君一起練習「我訊息」溝通模式，以第一人稱取代第二人稱，先描述主要的事件，例如：「我發現最近想找媽媽聊天的時候，媽媽好像都不太想理我。」接著在事件後說出這個事件對自己的影響或感受，「我不知道該怎麼辦？有點難過，也有點擔心。」最後再加入自己的期待與希望，「我希望媽媽可以告訴我怎麼了？也希望能像之前一樣開心地聊天。」

拚命撐住的母親

隔了一天後，怡君終於滿臉笑容地來找我。

「老師，我昨天晚上跟媽媽說話了，我問了媽媽是不是我讓她生氣了？結果媽媽說沒有，說是她最近很煩躁，所以才沒什麼理我。」

在怡君說出自己的感受後，媽媽也非常驚訝，這才意識到原來自己的煩躁在不知不覺中已對怡君造成傷害。後來進一步深入了解才知道，原來媽媽最近突然不理會怡君，是因為與前夫發生了一些爭執，是有關怡君和哥哥的，兩人當初離異時已談好怡君跟著媽媽，哥哥跟著前夫，但後來前夫出了一點狀況，無法繼續照顧哥哥，媽媽只好一個人帶著兩位孩子，突然加了一位孩子的開銷與教育使媽媽負擔變重，哥哥最近又經常在學校惹事，讓媽媽整個心力憔悴、心情鬱悶、煩躁又焦慮，所以才不小心忽略了可以不需要特別去照顧的怡君。

「唉，說真的，我身邊也沒有任何親朋好友可以幫忙，有時候也覺得好無助。」在親師會談中，媽媽表示這些經濟壓力、生活壓力以及教育壓力已經把她壓得快喘不過氣來了，每天都覺得好焦慮、好煩躁，睡眠品質也跟著下滑，甚至開始懷疑自己，懷疑自己是否有能力同時照顧好兩位孩子？「我根本不知道該怎麼當一位優秀的母親，這些壓力壓得我好累，面對家庭的失敗，我也曾經想放棄一切，但後來想到這兩位孩子，我才又努力堅持下來，拚命地撐住。」媽媽說出這些話後，眼淚也控制不住地掉下來，把長期壓抑在心中的情緒一次宣洩出來。

「怡君的媽媽，我們都聽到了，也都知道了，妳一直很努力在照顧孩子，照顧這個家庭。」我看了一下她：「但媽媽，妳有好好照顧妳自己了嗎？」媽媽抬起頭看了我，「照顧好孩子的前提是要先好好照顧自己，這樣的我們才能給孩子一段有品質、有溫度的陪伴，成為孩子最重要的靠山，因為照顧好自己，也是作為父母最重要的職責。」

創造自己的療癒生活

許多家長都會將孩子視為生活的重心，把全部的心力跟時間都留給孩子，但在投入的過程中，我會告訴家長，請留一些時間跟空間給自己吧，因為孩子不是你的全世界，如果你的人生只剩下孩子，那孩子也會感到一股莫大的壓力，反而使親子關係有更多的摩擦與衝突，每個人都會有自己的情緒和壓力要照顧，先照顧好自己反而可以給孩子更有品質的陪伴，同時也能讓孩子從中去學習父母自我照顧的能力。

「不過我光是工作跟家事就快忙不過來了，根本無法騰出時間照顧自己。」

「如果挪不出時間，也可以試著在原本的例行公事中進行喔。」

我帶著媽媽一起思考有沒有可能在原本的工作或家事中，加入一點點紓壓的活動，讓自己能更放鬆或更投入，像是做家事的時候，可以一邊聽著自己喜歡的歌，邊哼邊唱；煮飯的時候，可以加入自己喜歡的食材，設計不同的菜單或進行不同的擺盤；打掃的時候，可以將空間收納或擺放方式調整為自己喜歡的樣子，營造出不同的生活風格，收納與整理不但可以達到靜心的效果，讓物品整齊歸位也可以減少下次翻找的時間。當我們專注於某一件事物時，就能感到放鬆與療癒，像是專注地吃飯、專注地睡覺或專注地走路，讓自己有意識地去覺察當下，包含每一個提起、移動或放下的動作，感受每一處肌肉的伸展與收縮，這即為「正念減壓」（Mindfulness-Based Stress Reduction, MBSR），長期的練習可以讓我們更專注於當下，以達到平靜、放鬆的效果。

除此之外，我也向怡君的媽媽分享許多其他家長自我照顧的療癒生活，像是刻意的挪出一個時段做些自己喜歡的事，例如：插花、騎自行車、慢跑、或每週與社區的婆婆媽媽一起跳舞，透過運動產生內啡肽等化學物質以改善情緒，同時也能增強自信心，在與人交流的過程中獲得被支持的能量。

輔導始終都不是一個人的工作

不論是教育還是輔導，始終都不是一個人的工作，每位家長都需要有自己的支持系統，而學校就是最直接、最容易取得的支持單位，學校裡有導師、有輔導老師，還有各處室主任，透過個案研討會的方式，學校也會連結其他社會資源，例如：政府單位、社福單位或醫療單位等，各領域的專家一起討論、合作。以學校輔導工作體制為例，當孩子需要更專業的三級輔導時，專輔老師就會協助孩子轉介到學生諮商輔導中心，由輔導員提供更專業的心理輔導，同時視個案情況連結衛生局或家防中心等社福單位，一起協助孩子及整個家庭，所以教育和輔導都是一個「團隊合作」的工作。

在親師會談後，怡君的媽媽也調整了自己的心態，針對哥哥的偏差行為，不再認為學校是在找麻煩，而是主動與學校配合，積極與老師討論相關的教養策略及溝通技巧，另外，怡君的媽媽也肯定自己一直以來的付出與努力，練習讓自己好好休息，溫柔地照顧著自己的情緒，讓自己更有能量去陪伴孩子。

給家長的陪伴叮嚀

照顧好自己，才能給出有品質的陪伴：許多家長都會將孩子視為生活的重心，把全部的心力跟時間都留給孩子，但在投入的過程中，我會告訴家長，請留一些時間跟空間給自己吧，因為照顧好孩子之前，要先好好地照顧自己，這樣才能給孩子一段有品質、有溫度的陪伴，成為孩子最重要的靠山，照顧好自己也是作為父母最重要的職責。

創造自己的療癒生活：可以試著在原本的工作或家事中，加入一點點紓壓的活動，例如：做家事時一邊聽著自己喜歡的歌；煮飯時加入自己喜歡的食材；打掃時將空間收納或擺放方式調整為自己喜歡的樣子，營造出不同的生活風格，專注於當下的每一件事物，長期的練習「正念減壓」也可以讓我們達到平靜、放鬆的效果。

輔導始終都不是一個人的工作：不論是教育還是輔導，始終都不是一個人的工作，每位家長都需要有自己的支持系統，學校就是最直接、最容易取得的支持單位，學校裡有導師、有輔導老師，還有各處室主任，透過個案研討會的方式，學校也會連結其他社會資源，例如：政府單位、社福單位或醫療單位等，各領域的專家一起討論、合作，協助每位孩子及每個家庭。

沉迷，也許只是缺乏安全感

喜歡網路世界大於現實世界的孩子，其實心裡有著對家的渴望

網路成癮是現代青少年的常見狀況，
最重要的不是限制、責備，
而是去理解成癮的原因，對症下藥。
說不定你會發現，
孩子只是在另一個世界尋求溫暖和鼓勵，
因為在現實生活中，感受不到愛。

「你們根本不知道我要的是什麼？」

「為什麼我的爸媽是這個樣子的？」

「這個家根本不是我想要的。」

怡如邊哭邊吼，釋放出內心所有的不滿，媽媽也很驚訝原來孩子壓抑了這麼多的怨恨和痛苦。

家庭中的小風暴

怡如兩天無故未到校，我跟導師一起家訪時，阿公和阿嬤看見我們，從對街的另一棟透天厝走了過來。「唉，囝仔的老母真害，攏沒在教，只會整日給囝仔打電腦，真見笑，真見笑。」

阿公和阿嬤帶我們到了三樓，怡如已穿好制服躺在床上。「怡如，妳還在睡嗎？我跟導師一起來看妳喔。」孩子用棉被包住頭，不想回應我們，由於導師想先跟她聊聊，所以我到一樓的客廳等待。在等待的過程中，突然聽見導師在三樓跟孩子有了激烈的對話，怡如對著導師大吼：「你就是沒有辦法幫我。」而導師也很大聲的回應：「那妳要講出來啊，我才能幫妳啊，我們一起面對，就算不能幫，也能一起想辦法減輕。」最後，導師獨自走下樓，臉色非常難看，對我搖了搖頭後便直接離開。

「老師您好，謝謝老師今天特地來家裡找怡如，但今晚家裡可能會有個小風暴了。」深夜十一點多，怡如的媽媽傳了一封訊息給導師，訊息中還夾帶著一段孩子對著媽媽大吼的影片，媽媽很無奈地表示自己都有在管控孩子上網的時間，但只要把網路停掉，她就會整個抓狂，不只大吼大叫的，還會生氣摔東西，也因為這樣，媽媽才會一直迫於無奈讓她繼續使用網路。

第二天一早，怡如一樣未到校，我跟導師再次家訪，阿嬤表示孩子昨天晚上都沒睡覺，窩在房間裡打電動，飯也不吃，接著阿嬤伸手想硬拉怡如起床，她一怒之下，猛烈地槌床板好幾下，嚇得阿嬤趕緊停手，無奈地搖著頭離開房間。

「怡如，我是輔導老師。」孩子一樣用棉被包住頭，不想回應我，我只好走到床邊坐了下來說：「怡如，我聽阿嬤說了，妳昨天晚上幾乎都沒睡？還好嗎？感覺妳有好多心事？如果可以，老師也希望妳能來學校跟我聊聊，我希望我不是只能當那個要妳來上課的老師而已，而是能真的讓妳把心打開的那個人。」說完，我不想給孩子壓力，於是就直接與導師離開。

專輔老師這樣做……

接著，好幾天的家訪，我都只是關心怡如有沒有睡好？有沒有吃飯？然後就離開。沒想到過了一週後，怡如終於來到學校了，我很開心地帶著她走進諮商室，儘管孩子還是一樣用外套罩住自己的頭。

「怡如，我好開心妳來了，妳願意跟我說說妳的煩躁嗎？」

「我不喜歡我的家。」

「不喜歡妳的家？」

「嗯。」

「不喜歡哪些部分？」

「全部。」

「怎麼說？」

「我不喜歡每次提到我們家時，那些東西我都沒有。」
「妳是指哪些東西？」
「別人的媽媽會陪他們吃飯、說心事，別人的爸爸也會帶他們出去玩，但我爸媽就是不會，他們可能不喜歡我吧？就像阿公和阿嬤不喜歡我媽一樣。」

為自己的家感到丟臉

怡如的爸爸和媽媽因為工作需要，每天都得早出晚歸，爸爸對家裡的事漠不關心，媽媽光是應付工作就沒什麼心力再去負擔工作以外的事，所以每次向同學提起自己的家時，她都會覺得很丟臉，認為自己的家的條件都比不上別人，家人之間陌生又疏離，但又不能選擇自己的家，因此感到很痛苦，想離開卻也只能繼續待著，於是開始怨恨爸爸、怨恨媽媽、怨恨阿公也怨恨阿嬤，抱怨為什麼這個家無法像別人一樣。

而網路可以讓怡如暫時忘卻煩惱，忘掉自己對這個家的無力與不滿。
「我喜歡在網路上跟網友們聊天，如果沒有手機我就不能活。」
「手機對妳來說很重要。」
「對，沒有它我就沒有安全感。」
「安全感？」
「因為手機裡面有我所有的朋友，而且每天陪在我身邊的也是手機！」
在手機裡，她會把心事都傳到聊天室中，然後就會有許多網友或朋友給予鼓勵，所以手機是怡如唯一能感覺到不孤單、不煩躁的地方。

怡如的網路成癮類型即為關係上的成癮，她沉迷於網路上的人際關係與相關活動。一般來說，網路成癮會有幾項症狀，首先為「強迫性」，亦即孩子儘管已經知道要停止使用網路，但還是無法控制自己想上網的衝動，第二為「戒斷性」，當自己被限制不能使用網路時，就會出現強烈的身心不適，情緒上包含焦躁與憤怒，生理上包含頭痛或肩頸痠痛等症狀。第三為「耐受性」，孩子會發現自己需要愈來愈多的上網時間才能有滿足的感覺。

矛盾的心態

「那妳覺得一個甜蜜的家是長什麼樣子呢？」

「甜蜜的家溫馨又幸福，爸媽會陪我，不碎念，知道我的需要，我能感覺到愛，我們會一起去吃飯、一起出去玩，還有一起聊天。」

「所以妳希望家人有多一點的時間陪妳？」

「嗯，但這是不可能的，反正我也習慣了。」儘管怡如說著這些話，內心卻還是盼望著。

「老師發現妳很愛這個家！」

「嗯？」怡如疑惑地看著我。

「因為妳對這個家有一個期待的樣子，妳很在乎這個家。」

「嗯。」

「但是妳陷入了一個很矛盾的狀態，妳渴望爸媽給自己多一點的陪伴和關心，但妳同時也對爸媽冷漠，妳很心疼阿公和阿嬤批評媽媽，但妳同時也一直指責著媽媽，妳愛著爸媽，卻又恨著他們，妳希望這個家改變，卻又想逃離這個家。」聽著這些話，怡如的眼眶也跟著濕潤起來。

「但這對妳來說太沉重了，妳不需要給自己這麼大的壓力。」我站起來，拍拍孩子的背。

我讓孩子知道自己是因為很愛這個家，所以才會這麼在乎、這麼痛苦，在意爸媽的一舉一動，甚至是爸媽的所有情緒，但因為無力去改變，無力改善這個家，改善爸爸的冷漠，改善阿公、阿嬤與媽媽的關係，所以只好反過來氣他們，也氣自己。

表達「我愛你」其實並不難

在怡如覺察到自己對這個家的愛與期待，對原生家庭有了新的理解後，在後面的幾次晤談中，我也開始邀請孩子嘗試與爸媽展開新的對話和互動模式，就算只是一點點的不一樣，都有機會讓這個家開始改變，既然心中已經有一個「甜蜜的家」的樣貌，那就開始創造吧。

我們決定寫一張卡片送給爸爸和媽媽，在討論的過程中，我鼓勵怡如在卡片中向父母說出自己對家的期待，也讓爸媽知道自己想要更多的陪伴與關心，而令我意外的是，她很認真地將整張卡片寫滿，在卡片的最後還填上了「我愛妳」三個字。

「怡如，『我愛你』這三個字，是第一次向爸媽說的嗎？」

「嗯。」怡如顯得有點害羞。

「我想他們收到一定會很開心。」

「希望會……」

「對妳來說，其實要說出『我愛你』這三個字並不難，難的在於之前的妳常常搞不清楚自己對家的感受及想法，原來在感到丟臉的背後，其實是因為難過與憤怒，難過他們沒有看見自己，沒有時間陪伴自己，感到憤怒的背後，其實是因為在乎和擔心，在乎也擔心媽媽被阿公、阿嬤指責的心情。」

如果等不到改變，那就由我們自己創造吧，我們都無法選擇自己的原生家庭，但我們可以選擇用什麼樣的方式或心態來面對原生家庭，當我帶著怡如去重新覺察自己對家的感受後，孩子的內心也就能騰出更多空間，以不同的角度重新看待這個家，並注入新的改變。爸媽不懂自己的需求，那就主動告訴他們；爸媽沒有時間陪伴自己，那就邀請他們一起坐下來吃個飯，這些小小的舉動，都可以為這個家加溫，讓家更貼近我們心中所期待的樣貌。

對怡如來說，她沉迷的不是網路中的遊戲或戲劇，而是網路中的歸屬感與安全感；對怡如來說，那些抓狂的情緒，不是因為討厭媽媽，而是因為太愛、太在乎媽媽；對怡如來說，不是對自己的家庭感到丟臉，而是心中有一個更想要的「甜蜜的家」。

給家長的陪伴叮嚀

網路關係的成癮：網路成癮依內容可分為不同的類型，而關係上的成癮，主要是沉迷於網路上的人際關係與任何活動，網路成癮通常會有幾項症狀，首先為「強迫性」，儘管孩子已經知道要停止使用網路，但還是無法控制自己想上網的衝動，第二為「戒斷性」，當自己被限制不能使用網路時，就會出現強烈的身心不適，情緒上包含焦躁與憤怒，生理上包含頭痛或肩頸痠痛等症狀，第三為「耐受性」，孩子會發現自己需要愈來愈多的上網時間才能有滿足的感覺。

「我愛你」其實並不難：要孩子說出「我愛你」三個字其實並不難，難的是我們需要陪孩子去找出心中最在乎的部分，包含對家庭的感受、對家庭的想法及期待，孩子心中的「甜蜜的家庭」是什麼樣子？當孩子重新覺察自己對家的感受後，孩子的內心也就能騰出更多空間，以不同的角度重新看待這個家，擁有能量主動地去注入新的改變。

可以喜歡老師嗎？

不被愛的匱乏，
有可能會移情到關心自己的師長身上

孩子被愛、被關注的需求若無法被滿足，
必然需要找其他方式填補，
對師長產生移情作用的狀況也可能會發生。
需要帶著孩子認識自己的情感，
回到家庭關係脈絡中，尋找那份失落的愛。

「老師妳等一下下課要做什麼啊？」

「妳住哪裡啊？」

「妳喜歡喝什麼？」

晤談結束後，志鴻特別不想回到班上，不斷問我下課要做什麼？待會兒上課要上什麼？讓我覺得非常奇怪，似乎孩子在計劃著什麼事？

每週三的下午都是我們的固定晤談時間，志鴻一開始會轉介到我這邊是因為偏差行為，在學校不斷出現違規事件，例如：偷帶手機到校、躲在廁所裡偷抽菸等，平常假日偶爾也會參與廟會活動，在外面的朋友家過夜。

不想離開諮商室的孩子

「老師，我可不可以一直待在諮商室啊？」

「咦？為什麼？」

「因為這裡很舒服啊，而且我也不想上課。」

志鴻每次到了諮商室就會整個人癱在沙發上，什麼事也不做，就這樣懶懶地聽我說話。對他來說，來學校只是為了不被通報中輟而已，因為在學校沒什麼目標和動力，下課時間也只是在罰寫，跟班上的同學也沒有太多的互動。

「那你接下來畢業後，有打算做些什麼嗎？」

「我想想喔，我還不想升學，想直接去工作。」

由於再一、兩個月就要畢業了，所以我們談論了有關畢業後的生涯方向，志鴻表示有一位遠房親戚是一間工廠的老闆，親戚說畢業後就可以直接過去工作，所以他不怎麼擔心未來的生活，反正只要能養活自己就好。就在晤談快結束的最後幾分鐘，志鴻突然看著諮商室裡的吉他，好奇地拿起來看看。

「喔？你想彈看看嗎？」

「好啊。」

「你對吉他有興趣嗎？」

「還可以，我是覺得彈吉他蠻帥的。」

「那你最近有沒有在聽什麼歌呢？」

「老師妳可以彈一小段給我聽嗎？我喜歡蘇打綠的《小情歌》。」

「好啊，沒問題。」

於是我演奏了一小段的《小情歌》，並邀請志鴻一起跟著唱，他聽著我的歌聲，非常陶醉。

「老師，我一直很想問妳一個問題！」志鴻突然正經地看著我。

「什麼問題？」

「痾……唉呦，算了，我下禮拜再問妳好了。」說完，就一溜煙的跑走了。

專輔老師這樣做……

下一週的晤談時間，志鴻反常地大遲到，一進諮商室就癱在沙發上，不發一語。

「志鴻，你今天比較晚到諮商室，怎麼了嗎？」
「喔，沒啊。」志鴻的語氣略顯煩躁。
「嗯，好吧，那我們繼續來討論上次你要問我的問題。」
「老師，我現在不想談論這個。」
「喔，那你想談什麼？」
「嗯，我也不知道。」
「好吧，不然我們談談以後工作上可能會遇到的問題吧。」

孩子的告白

我帶著志鴻一起聊聊未來的工作，但孩子顯然心不在焉，於是我又開口問了他。
「志鴻，老師發現你今天的心一直飄走，你要不要跟我說說在想什麼呢？」
「痾……」
「其實我從上禮拜開始就一直覺得你好像要跟我說些什麼？」
「是嗎？」
「你想問什麼就直接問，不用擔心太多，好嗎？」
「好。」志鴻突然認真地坐起來，並深呼吸了一口氣。
「老師！」
「嗯？」

「妳有男朋友嗎？」

「嗯？你想問的就是這個？」

「對。」

「為什麼想問這個問題呢？」我疑惑地看著志鴻。

「嗯，因為……老師，我喜歡妳！」

「咦？你喜歡我？」

「嗯。」

「喜歡我很好啊，很多學生都很喜歡我。」

「不是，我喜歡妳，是男女朋友的那種喜歡。」

「男女朋友的那種喜歡？」我愣了一下。

「對，想跟老師交往的那種喜歡。」志鴻用認真又堅定的眼神看著我。

我很珍惜這份信任

突然遇到孩子這麼直接的告白，也讓我有點慌亂，於是我跟志鴻的晤談關係瞬間變得有點尷尬，當下我並沒有立即的回應，因為我不知道怎麼去回應志鴻的這份喜歡。但在晤談結束後，我不斷地回想與反思，這才發現我的不回應可能會在無形中對孩子造成更大的傷害，因為志鴻是鼓起了很大的勇氣才向我表白的，但我的逃避與漠視，有可能會使他陷入一個自責或自我否定的情緒當中，於是很快的我又找了孩子談這件事。

「嗨，志鴻，老師想找你談談你上次說的喜歡。」

「喔。」志鴻的表情帶著些許複雜的情緒。

我認真看著志鴻：「志鴻，老師很謝謝你對我的喜歡，而且你能面對這份感覺並說出來真的很不容易，我很開心你選擇告訴我，也讓我們有機會可以一起討論這份感覺，其實這也是你對老師的一種信任，謝謝你。」我試著正面回應志鴻的喜歡，並感謝他對我們這段關係的信任。「不過，儘管老師很珍惜你對我的這份喜歡跟信任，我們還是會維持一般的師生關係。」

「為什麼？」志鴻有點困惑又有點失落。

「因為師生關係才能讓我在輔導中處於一個中立又客觀的角度，繼續陪伴你、協助你成長。」

諮商中的移情作用

「志鴻，你喜歡老師的哪些特質呢？」

「因為妳很溫柔啊，會聽我說話，關心我，擔心我。」

「被關心、被擔心的感覺讓你很喜歡。」

「嗯。」

「那除了我，在你身邊還有沒有誰可以給你這樣的感覺呢？」

「可能是我媽吧？」

「嗯？能再多說一點嗎？」

「我媽媽跟妳一樣，溫柔、聰明又善解人意。」

「你跟媽媽之間有什麼難忘的共同回憶嗎？」
「老師，你知道嗎？我媽媽以前也會這樣聽我說話。」
「你多久沒跟媽媽見面了？」
「自從我爸媽離婚後，就都沒有再見過面了。」
「你一定很想念媽媽吧？」由於父母離異的關係，志鴻從小就沒有媽媽陪在身邊，在我和孩子這段的輔導關係中，孩子獲得了被傾聽、被陪伴的心理需求，因此可能也不小心將我昇華為一位母親的角色或形象，進而對我產生特殊的好感，甚至有迷戀的感覺出現，這種現象在諮商輔導中，我們會將這樣的現象稱為「移情作用」。

移情作用最早是由心理學家佛洛依德（Freud）所提出，指的是個案將其個人需求與慾望轉移到諮商師身上的過程，通常是個案將童年時期對重要他人的情感，在諮商的過程中不小心投射在諮商師身上，包含負向與正向的情緒，負向情緒可能是個案憎恨諮商師，正向情緒可能是個案愛慕諮商師等，移情作用很容易出現在諮商關係中，因為諮商師必須跟個案建立良好的諮商關係，以協助個案在這段關係中擁有更好的成長，所以在這樣的過程中也就很容易不小心讓個案對諮商師產生情感的依戀與投射，處理移情作用必須相當的謹慎，須避免讓個案有被否定或被拒絕的感受，還得將這份移情作用轉化為協助個案處理個人內在創傷的議題。

面對志鴻的移情，我帶著他一起去探究這份「喜歡」，讓他覺察到這份喜歡背後的需求與渴望，當我們正面去討論這份「喜歡」後，我們的輔導關係也就得以繼續下去，並恢復到之前的狀態，甚至是更加的信任與穩定。志鴻更能深入地去談論父母離異對自己的影響、想念媽媽的心情，以及自己如何在爸爸和媽媽之間取得一個平衡點，在與媽媽重新取得連繫的過程中，他同時也填補了那份不被愛的匱乏，以馬斯洛（Maslow）的需求理論來看，即為「愛與歸屬的需求」，人們在滿足「生理需求」及「安全需求」後，就會想獲取更高層次的「愛與歸屬的需求」，當「愛與歸屬的需求」被滿足後，就會再往上尋求「尊重與肯定的需求」，接著最後來到最高層次的「自我實現」需求。

故隨著畢業日的即將到來，志鴻也必須開始去嘗試更多能增進自己成就與肯定的活動，從中去思考自己的生涯規劃，讓自己在未來的生涯道路上有更多的選擇，發揮自己的潛能，以實現最高層次的理想與目標。

給家長的陪伴叮嚀

感謝孩子的喜歡與信任：面對孩子的喜歡，不需要否定或忽視，而是認真地回應孩子：「謝謝你對我的喜歡，能面對這份感覺並說出來真的很不容易，很開心你選擇告訴我，讓我們有機會可以一起討論這份感覺，這是你對我的信任，謝謝你。」接著讓孩子明白儘管我很珍惜你的喜歡和信任，但我們還是會維持一般師生關係，因為師生關係才能讓我在輔導中處於一個中立又客觀的角度繼續陪伴。

諮商中的移情作用：移情作用最早是由心理學家佛洛依德（Freud）所提出，指的是個案將其個人需求與慾望轉移到諮商師身上的過程，其中包含負向與正向的情緒。處理移情作用必須相當的謹慎，須避免讓個案有被否定或被拒絕的感受，還需要將這份移情作用轉化為協助個案處理個人內在創傷的議題。

馬斯洛需求理論：馬斯洛（Maslow）提出需求理論來描述人類的成長階段。當低層次的需求被滿足後，人們就會開始往上追求更高層次的需求，馬斯洛將需求層次依序分為生理需求、安全需求、愛與歸屬需求、尊重與肯定需求以及最高層次的自我實現需求。

擁抱叛逆期

輔導室裡孩子的真心話

作者　羅可
編輯　徐詩淵
校對　徐詩淵、蔡玟俞
　　　羅可
美術設計　陳姿伃
發行人　程顯灝
總編輯　呂增娣
編輯　吳雅芳、洪瑋其
　　　藍匀廷
美術主編　劉錦堂
美術編輯　陳姿伃
行銷總監　呂增慧
資深行銷　吳孟蓉
發行部　侯莉莉
財務部　許麗娟、陳美齡
印務　許丁財
出版者　四塊玉文創有限公司

總代理　三友圖書有限公司
地址　一〇六台北市大安區安和路二段二一三號四樓
電話　(02)2377-4155
傳真　(02)2377-4355
E-mail　service@sanyau.com.tw
郵政劃撥　05844889 三友圖書有限公司

總經銷　大和書報圖書股份有限公司
地址　新北市新莊區五工五路二號
電話　(02)8990-2588
傳真　(02)2299-7900

製版印刷　卡樂彩色製版印刷有限公司

初版　二〇二〇年十一月
定價　新台幣三二〇元
ISBN　978-986-5510-42-8(平裝)

國家圖書館出版品預行編目(CIP)資料

擁抱叛逆期：輔導室裡孩子的真心話 / 羅可作 .
-- 初版 . -- 臺北市：四塊玉文創, 2020.11
面；　公分

ISBN　978-986-5510-42-8(平裝)

1. 發展心理學 2. 青少年心理 3. 青春期

173.6　　109015984

教養新主

① 7歲開始打造法律素養：父母與老師都需要的法律教養書

作者：劉傑瑞、秋分

定價：320元

身為律師也是父母的作者，為了讓孩子有正確的法律概念，擁有保護自己的能力，因此提筆寫下這本書，連小學生都能看懂的法律故事書，更是一本父母、老師都必備的教養書。

②做孩子的超級粉絲！用心不用力，傾聽是最好的教育

作者：李育銘｜定價：300元

對作者來說，最重要的終身職業是兩個女兒的老爸！不僅大女兒如願上了劍橋，小女兒也在運動手藝等領域活躍精采，他一路陪伴，最終不只是一位老爸，更是女兒的超級粉絲！

③ 全球化的教育課：啟發IN、管教OUT，史丹佛媽媽的美式教育心法

作者：唐蘭蘭｜定價：320元

在這個提倡全球化教育的世代，「啟發」孩子遠比「管教」來得更重要，不僅決定孩子未來的格局，也是其成長的關鍵所在。本書告訴你如何拓展孩子的視野，運用美式教育教出擁有世界觀的孩子。

④ 慢慢來我等你：等待是最溫柔的對待，一場用生命守候的教育旅程

作者：余懷瑾｜定價：320元

一位願意付出努力帶頭做，引導班上孩子學習如何面對班上有身心障礙者的同學的老師。他說：「慢慢來，我等你。」也是身為老師、家長，甚至團隊夥伴的你跟妳，都應該學習的一句話。

守護一家人的健康

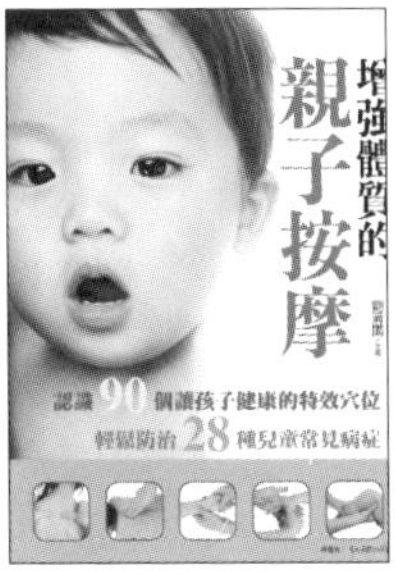

① 增強體質的親子按摩

作者：劉清國｜定價：320元

提高免疫力，增強體質的親子按摩。輕鬆掌握28種防治兒童常見病症按摩法，準確定位90個保證孩子健康的特效穴位，父母是孩子的健康守護者，按摩更是最好的親子互動。

② 戰勝巴金森病

作者：村田美穗｜譯者：李璦祺

定價：350元

有些人以為一旦罹患巴金森病，就會從此臥床不起，無法活到壽終正寢。其實，巴金森病的治療方法日新月異，只要正確服用藥物，搭配治療，確實復健，就能延緩症狀。本書文字淺白，解說清楚，讓你一看就懂。

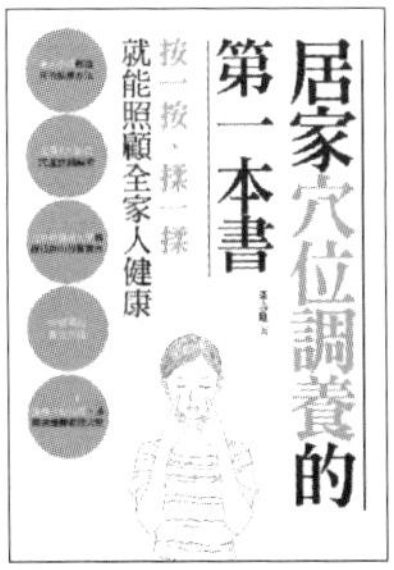

③ 居家穴位調養的第一本書：按一按、揉一揉，就能照顧全家人健康

作者：李志剛｜定價：320元

本書提供老人小孩都適用的按摩方法：全身6大部位穴道、52個萬能養生穴道詳細解析，全身穴位拉頁，讓你可以按圖索驥輕鬆找穴點，輕鬆照顧全家人的健康。

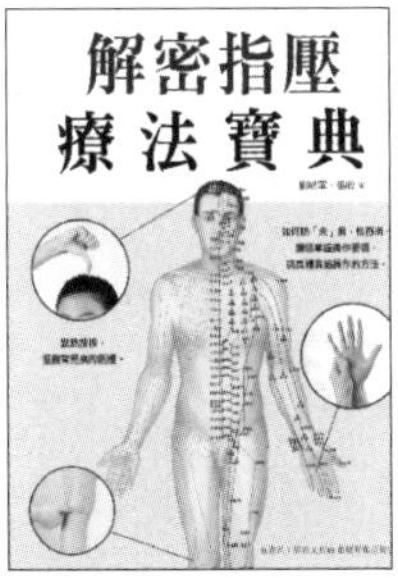

④ 解密指壓療法寶典

作者：劉明軍、張欣

定價：320元

如何防「未」病，怯百病，讓您掌握操作要領，與具體實施操作的方法。點點按按，就能擺脫常見病的困擾。

好好照顧自己

① 睡覺也需要練習：治療失眠從活化心靈開始，24週讓你一夜好眠

作者：劉貞柏（阿柏醫師）

定價：320元

遠離失眠與焦慮的惡性循環！不吃藥也能好好睡。透過練習，重新認識自己，活化心靈，用24週的時間帶你擺脫失眠，回歸正常生活。

② 潛意識自癒力：讓催眠心理學帶你創造美好的生活

作者：張義平（幽樹）

定價：350元

開啟一趟潛意識的旅程，重新解析自己，了解孤獨、自卑、恐懼、壓力的原因，靠自己的力量撫平生命中的挫折與傷痛，迎接美好的未來本書文字淺白，解說清楚，讓你一看就懂。

③ 氣味情緒：解開情緒壓力的香氛密碼

作者：陳美菁 | 定價：320元

在愛情中受挫、親情裡窒息，陷入人生低潮的時刻，讓氣味喚醒最深層的記憶，用最療癒的香氣，給你最關鍵的救贖。

④冥想：每天，留3分鐘給自己

作者：克里斯多夫・安德烈

譯者：彭小芬

定價：340元

你是否睡得不好？做任何事都提不起勁？對生活愈來愈不抱期待呢？心靈療癒大師也是精神科醫師—克里斯多夫・安德烈，藉由非宗教性的冥想，教你每天3分鐘改善情緒的困擾。

【黏貼處】對折後寄回，謝謝。

親愛的讀者：
感謝您購買《擁抱叛逆期：輔導室裡孩子的真心話》一書，為感謝您對本書的支持與愛護，只要填妥本回函，並寄回本社，即可成為三友圖書會員，將定期提供新書資訊及各種優惠給您。

姓名＿＿＿＿＿＿＿＿ 出生年月日＿＿＿＿＿＿＿＿
電話＿＿＿＿＿＿＿＿ E-mail＿＿＿＿＿＿＿＿
通訊地址＿＿＿＿＿＿＿＿
臉書帳號＿＿＿＿＿＿＿＿
部落格名稱＿＿＿＿＿＿＿＿

1 年齡
□ 18 歲以下 □ 19 歲～ 25 歲 □ 26 歲～ 35 歲 □ 36 歲～ 45 歲 □ 46 歲～ 55 歲
□ 56 歲～ 65 歲 □ 66 歲～ 75 歲 □ 76 歲～ 85 歲 □ 86 歲以上

2 職業
□軍公教 □工 □商 □自由業 □服務業 □農林漁牧業 □家管 □學生
□其他＿＿＿＿＿＿＿＿

3 您從何處購得本書？
□博客來 □金石堂網書 □讀冊 □誠品網書 □其他＿＿＿＿＿＿＿＿
□實體書店＿＿＿＿＿＿＿＿

4 您從何處得知本書？
□博客來 □金石堂網書 □讀冊 □誠品網書 □其他
□實體書店＿＿＿＿＿＿＿＿ □ FB（四塊玉文創 - 橘子文化 - 食為天文創 - 三友圖書 - 微胖男女編輯社） □好好刊（雙月刊） □朋友推薦 □廣播媒體＿＿＿＿＿＿＿＿

5 您購買本書的因素有哪些？（可複選）
□作者 □內容 □圖片 □版面編排 □其他＿＿＿＿＿＿＿＿

6 您覺得本書的封面設計如何？
□非常滿意 □滿意 □普通 □很差 □其他＿＿＿＿＿＿＿＿

7 非常感謝您購買此書，您還對哪些主題有興趣？（可複選）
□中西食譜 □點心烘焙 □飲品類 □旅遊 □養生保健 □瘦身美妝 □手作 □寵物
□商業理財 □心靈療癒 □小說 □繪本 □其他＿＿＿＿＿＿＿＿

8 您每個月的購書預算為多少金額？
□ 1,000 元以下 □ 1,001 ～ 2,000 元 □ 2,001 ～ 3,000 元 □ 3,001 ～ 4,000 元
□ 4,001 ～ 5,000 元 □ 5,001 元以上

9 若出版的書籍搭配贈品活動，您比較喜歡哪一類型的贈品？（可選 2 種）
□食品調味類 □鍋具類 □家電用品類 □書籍類 □生活用品類 □ DIY 手作類
□交通票券類 □展演活動票券類 □其他＿＿＿＿＿＿＿＿

10 您認為本書尚需改進之處？以及對我們的意見？
＿＿＿＿＿＿＿＿

感謝您的填寫，
您寶貴的建議是我們進步的動力！

【黏貼處】對折後寄回，謝謝。